都市を終わらせる

「人新世」時代の精神、社会、自然

村澤真保呂
MURASAWA MAHORO

ナカニシヤ出版

はじめに

本書は、二〇一一年三月一一日の東日本大震災と福島原発事故以後に筆者がさまざまな箇所で書いた論文と評論をもとに再編集した本である。時期も題材もバラバラな文書ばかりだが、すべてに通底しているのは「脱都市」の観点であり、それが本書のタイトルの由来である。

きわめておおざっぱにいえば、人類にとって近代とは、農村から都市へと大規模な移住をなし遂げた時代である。そして環境問題をはじめとする持続可能性の危機は、これまでの都市の広がりと発展の裏側にある。そうであれば地球規模の環境問題の深刻化により、人類の持続可能性の危機が謳われるようになった現在、都市化をこれ以上進めるべきかどうか、都市をどうするかが問われるのは理の当然である。筆者が「脱都市」の観点に立つのは、そのような前提を踏まえている。

もちろん、このような観点が多くの読者にとって不快であることは承知している――大学人も企業人も行政マンも、一般的な市民も消費者も、現在は首都圏をはじめとする大都市に住んでいる人が大多数であろうし、そうした人々は都市生活と都市文化を愛好しており、衰退して因習が支配する保守的な田舎に行くなんてまっぴらごめん、と考えるのが普通だろうと思われるから。実際、現在の政府や産業界で流行中のさまざまな未来社会像――たとえば内閣府の「ソサエティ５・０」や国連ＳＤＧｓなど――は、従来の都市を中心とする社会構造や生活形態がそのまま維持されることを前提としており、中には「農業の無人化」を主張して地方農村を積極的に消滅させる方向の提言もある（三菱総研「未来社会構想２０５０」）。このように、産業技術の発展によって環境負荷の少ない充実した都市生活を誰もが享受する未来社会のイメージは、政財界やマスコミだけでなく大学においても共有されている。筆者も都市生活の恩恵は享受しているし、ましてや近代都市生活を支える科学や思想、文化、政治のもたらした多くのメリットを否定するつもりもない。それでも、百年や二百年の長いスパンで、しかも地球全体の資源や自然環境、社会変動の観点から眺めれば、現在のような都市生活のあり方が続くわけもなく、また続けるべきでないことは、多くのデータが示しているとおりである。そうであれば都市を延命させるだけでなく、都市の時代に続く新たな時代を、つまり人類が都市に代わって新たに向かうべき旅路を考えるべきであろうし、それこそ現在の社会思想の領域が直面する最大の課題であろう。もちろん、これまでの都市へ向かう人類の旅が数百年続いたこと、その旅が始まるのにも同じくらい年月がかかったことを思えば、次の旅の行き先が明確な姿を現すのも相当に長い年月を要するのだろう。それでも新たな旅を始めるには、これまでの旅を終わらせなければならない。そして地球環境問題の現状は、人類にその決断を迫っているように思われる。筆者としてはそのような考えから、読者から煙たがられるのを覚悟で、あえて「都市を終わらせる」という題を選んだ次第である。

さらに、ここで誤解を避けるために付け加えると、この「脱都市」という言葉は、都市から農村や郊外に脱出するという、物理的・空間的な意味での「脱都市」を意味しているのではない。都市化の問題は一九世紀イギリスにおいて認識され、その後二〇世紀の後半まで、都市の拡大を防ぐことが先進諸国の共通課題になっていた。当時にも「脱都市」を掲げた運動はあったが、それは都市から郊外や農村への移住を推奨する物理的・空間的な意味での「脱都市」を意味していた。しかし現在は、インターネットの拡大や貿易自由化、テクノロジーの発達をつうじて、すでに都市も農村も郊外もすべて「都市化」され、かつての都市／農村の区別は意味を失っている。つまり地球全体が「都市」に飲み込まれた現在、物理的・空間的な意味での「都市（都会）」ではなく、非物質的・非空間的な「都市」――「都市的なもの」あるいは「都市的存在様式」と言ったほうがよいかもしれない――を克服することが課題なのである。したがって、それは都会に住んでいるか田舎に住んでいるかを問わず、いまや地球上に生きる人類全体が取り組まなければならない課題である。もちろん田舎にいるほうがその取り組みは比較的容易であるかもしれないが、むしろ圧倒的な数の人口を集める現在の大都会の中で、次世代の生活形態と存在様式を発明し、「都市」を解体する動きが広まらなければ、地球規模の持続可能性の危機を克服することはできないだろう。いずれせよ本書の「脱都市」という言葉は、人々が「物理的・空間的な意味での都市」を脱出することではなく、「存在様式としての都市」を脱出することを意味している。実際、欧米の先進国を含む世界中で、とりわけ若い世代のあいだにさまざまな取り組み（ガスや電気を使わない生活を実験したり、都市で食糧自給を試みたりするなど）が現れて支持を集めつつあり、近い将来にはそうした取り組みの積み重ねから、次世代の新しい生活様式が明確な姿を現すことが期待される。

筆者は、九〇年代に文学部哲学科で文化人類学と社会学を学んだ後、経済新聞の記者として三年ほど勤め、転身して大学院でラカン派の精神分析を学んだ。当初は臨床家を目指していたが、博士課程に進学したときには、精神疾患の背景にある社会的領域のほうに関心を移しており、精神分析の研究から離れ、社会思想の領域へと足を踏み入れていた。

精神分析で扱った心理的領域と社会的領域のつながりを考えるのに、大きな手がかりになったのは大学をはじめとする教育現場である。二〇〇〇年代、引きこもりや自傷行為などが教育現場でも課題となり、その背景を探るというのは、教職に就いた筆者にとっては重要な問題であった。そうした若者の心理問題を考えるにあたり、その社会的環境として新自由主義的な政策と、それを支える政治意識や社会構造が大きな問題として浮かびあがってきた。折しも新自由主義的な大学改革が盛んにおこなわれ、教育現場がおおいに翻弄された（現在も続いている）ことから、そのような社会状況と若者の心理状況の関連を結びつけて考えることは、筆者にとってアクチュアルな問題でもあった。本書に収録されている大学論は、そのような状況と問題意識から書かれたものである。

こうした新自由主義的教育政策の問題を、さらに教育以外にも福祉、医療、社会支援といった公的領域の問題へと広げて捉え直したとき、若者に起こっている問題は、まさに市民に起こっている問題として現れつつあることが痛切に感じられた。こうして新自由主義と政治の問題を考えるようになった頃、まさに新自由主義的ポピュリズム政党が大阪で大躍進を遂げ、その影響は筆者のいる滋賀県にも浸透しはじめていた。本書で収録されている大阪の政治問題についての批評文は、それまでの大学教育で扱ってきた問題を、市民社会と政治の問題として展開したものである。

他方、二〇一一年三月一一日に東日本大震災と福島原発事故が起こり、日本社会が大きく変容していく過程を眺めているうちに、その背景にある自然環境問題に本格的に関心が移り、これまで扱ってきた心理問題と社会・政治問題を環境問題の視点から捉え直したいと考えるようになった。こうして精神疾患と社会問題、自然環境問題のつながりを考えることとなり、現在にいたっている。

本書の企画は、数年前から、奇特な知人たちから「そろそろ書いたものを本にまとめてはどうか」という声が相次いだことをきっかけに、少しずつ始まった。これまで筆者が書いた文書の多くは一般には入手しにくいマイナーな雑誌に掲載されたものであり、すでに入手不可能になりつつある。とりわけ時事的な問題を扱った内容のものは、あまり年月を経てしまうと賞味期限切れになってしまう。そのことを心配してくれた知人たちに少しでもお礼をするつもりで、当初は思想的な内容の論文を中心とした本を考えていた。しかし、それでは分量が多くなりすぎることがわかり、おそらく私自身が専門とする社会思想についての哲学的議論よりも、具体的な社会問題や環境問題を扱った内容の議論のほうが、読者にとって多少なりとも関心があるだろうと考え直し、読者の関心が薄そうな哲学や思想を扱った論文は省くことにした。

本書のメイン・タイトルになった小論「都市を終わらせる」は、その意味では比較的最近に書かれたものである。もともとはアントナン・アルトーの『神の裁きと訣別するために』をもじって『都市の裁きと訣別するために』という題で書かれた小論であるが、あまりに大仰なので「都市を終わらせる」という題に変えた経緯があり、現在では変えないほうがよかったと少し後悔している。それでも、この小論は本書全体のモチーフを簡潔に表現したものであり、本書の企画が生まれる出発点となったものである。

サブタイトルの「「人新世」時代の精神、社会、自然」は、あらためて書き下ろした論文とほぼ同じタイトルである。これは本書に収録されている章では最後に書かれたものだが、全体を俯瞰する内容であることから、最初に置かれることになった。

掲載したほとんどの論文は、過去に発行された雑誌に収録されたものであるが、現在の状況と本書の趣旨に合わせて、必要な修正を加えた。したがってオリジナルの文章と異なる箇所も多々あるが、大幅に書き直した終章を除けば、内容に大きな変更はない。というのも、当初に書いた状況と現状では、具体的な点で変わった事柄は多少あるにせよ（たとえば大阪府知事が橋下から吉村に変わった、など）、それぞれの文書で問題にした政治・経済・社会的な状況は、書かれた当時から基本的に変わっておらず、むしろいっそう明確な姿を取るようになったものばかりであり、現状に合わせた内容に書き換えて違和感を覚えさせる文書になる危険を冒すより、できるかぎり書いた時点での状況を書き換えないほうが、読者にも読みやすいだろうと思われたからである。

本書の構成を説明する。序章は本書全体を通底する主題と視座について、「人新世」の概念から出発して、概略と思想的含意を示した内容である。第一部「「人新世」と都市」は、新型コロナウィルスやオリンピックなどを題材に、エコロジーの観点から都市の問題を考察する内容の論文やエッセイをまとめたものである。第二部「ポピュリズムの政治、社会、精神」は、二一世紀になって関西で進行したポピュリズム的政治状況について、とくに政治意識と社会状況の関連から考察した内容になっており、筆者も加わった「橋下現象研究会」編の冊子に掲載された「維新の会」支持層の分析をした二つの論文、および筆者が加わった自治会の住民運動の経験から反ポピュリズムの可能性を考察した一つの論文から成っている。第三部「「脱都市」と大学／文化」は文化的側面に議論を絞り、主として新自由主義的な大学改革を批判した論文から成っている。とはいえ、いずれの論文も現状の大学教育のあり方を云々することが目的ではなく、現在の地球的課題の克服と持続可能な自然共生型社会の実現に向けて大学が変わるための条件を探ることに主眼がある。また、現在の都市文化が思想界に与えている影響とそこからの脱出を主題にした論考も、そこに加えた。終章では思想史的な観点から現在の知的世界の課題について、試みに論じたものである。

　いずれの章もそれぞれ独立した内容になっているので、どこから読んでもかまわない構成になっている。また各部の冒頭に、オリジナルの文章が書かれた時期と当時の状況について補足説明を入れ、（とくに若い）読者に配慮をしたつもりである。さらに補足すれば、各章のもとになった原稿が掲載された雑誌や冊子の性格により、各章で文体や書き方がそろっておらず、中には多少ふざけた書き方になっているものもある。本書の構成上、そのあたりまで統一することは不可能であったため、違和感を覚える読者がいるかもしれない。その点についてはあらかじめご寛恕をお願いしたい。

本書の企画・編集にあたって、ナカニシヤ出版の編集者である由浅啓吾氏には、最初から最後まで迷惑をかけ通しであった。この場を借りてお詫びとお礼を申し上げる。また本書の出版にあたり助成をいただいた龍谷大学にも感謝する。さらに本書に掲載された論文の執筆にあたって恩師、同僚、学生、親族、友人、知人をはじめ、たくさんの方々のお世話になった。あまりに人数が多すぎて、ここではひとりずつ名前を挙げることができず申し訳ないが、それらの方々に心よりお礼を申し上げたい。

村澤真保呂

二〇二一年二月一日

目次

第一部　「人新世」と都市

第二部　ポピュリズムの政治、社会、精神

序章　「人新世」時代の環境、社会、人間
――脱都市化に向けて

1　都市をめぐる問題

「人新世」概念が意味するもの

この数年、「人新世（アントロポセン）」という地質学の用語が、人文・社会科学系のさまざまな領域で話題になっている。この用語は、今世紀が始まったばかりの二〇〇〇年に、大気学者のクルツェンと生物学者のストーマーが共同で発表した論文[1]で提案され、物議を醸した言葉である。

人間活動の地球と大気に与える影響が、地球規模の多くの主要な領域で現在も増加していることを踏まえるなら、人類が地質学的かつ生態学的に重要な役割を果たしていることを強調するため

に、現在の地質学的年代を表現するにあたって「人新世」という用語を提案するのが適切であろう[2]。

人新世という概念は、現時点ではまだ正式な地質学的年代としては認められておらず、現在も国際地質学会で検討中である。問題となっているのは、たとえ現在を人新世と呼ぶことを認めたとしても、それはいつから始まると考えればよいのか、という点にある。人類の登場以来、地球は人類の活動に影響を受け続けてきた。火の使用、農耕の発明、産業革命、原子爆弾の使用……。人新世の始まりをどの時点にするかをめぐっては、多くの意見がある。人類が不可逆的な影響を自然界に与えるようになったのは、はたしていつからなのか？

この問題について、シュテフェンらのよく知られた論文[3]は、上記のさまざまな観点をデータで検証し、それぞれに合理性は認めつつ、産業革命が進行した一九世紀初頭を人新世のはじまりとみなすことを提案している。当時の西欧都市では、工場や蒸気機関で化石燃料が使用されることにより、大気中の二酸化炭素濃度が上昇し、化学肥料が使用されることで亜酸化窒素濃度が増加し、さまざまなエコシステムの崩壊速度が、その時期を境に急激に上がっているためである。

一九世紀――それはイギリスで産業革命が起こり、西欧世界に工業都市が広まり、その後の近代都市と国家のあり方を決定づけた時代である。シュテフェンらの議論に沿って述べるなら、人新世とは産業革命を経て近代都市が主流となり、広がった時代である。そうであれば、人新世という概念が提起しているのは、近代都市とそれがつくりあげたシステム全体が、もはや地球的観点から限界《プラネタリー・バウンダリー》にぶつかっているという問題である。シュテフェンらは「人新世」概念が社会的な観点からもつ意味をこうまとめている――「人新世を駆動する究極の要因は、それが今世紀中に勢いを失わないのであれば、現代文明の存続だけでなく、将来の人類の存在さえも脅かすことになるだろう」[4]。

　したがって本書で「人新世」時代というのは、たんに現代が人新世と呼ばれる時代であることを意味しているのではなく、「人新世」という概念が大きな衝撃をもって受け入れられ、その概念が提起する諸問題からもはや逃れられず、それらの問題を克服することが誰にとっても喫緊の課題となった時代を意味している。そのように考えると、その問題は端的に「都市」をどうするかという問いに収斂する。単純に考えれば次の三つの解決方向性があるだろう。すなわち①現在の都市と社会システムのあり方を地球環境と共存するような仕方で修正するか、②現在の都市と社会システムのあり方を維持し、人類と地球環境が破綻するまで突き進むか、あるいは③都市とは別の未来を創造するか、の三つである。一般的には国連が主導するＳＤＧｓや産業界がビジネスチャンスとみなすスマートシティ構想も含めて、①の方向性が支持されており、また、現時点ではそれに反発する②の方向性と衝突している。しかし本書は、基本的には最後の③の観点に立って、いくつかのローカルで小さな事例を主に扱いながら、それらの問題を考察した評論集である。つまり都市の時代の終わりを見据え、それに代わる可能性を模索するなかで突き当たった、個別の問題についての過去十五年ほどの考察から成り立っている。もちろん十五年前に人新世という概念はあまり広まっておらず、また、この概念をあえて使用する意味もなかった。それでも、すでに多くの論者によって、地球規模の都市化が自然環境と人類の持続可能性に危機をもたらす主要因であることが指摘され、その克服の必要性が提起されていた。さらに言えば、すでに前世紀の第二次世界大戦後から、地球全体の生物界における生態系危機と都市社会における危機、さらに精神領域における危機が報告され、またそれらが共通の論理によってもたらされていることが、たとえばローマクラブのような機関や、ベイトソンやガタリのような思想家によって示されてきた。しかしながら、そうした観点は国内ではあまり共有されず、生態系危機は自然科学の、貧困や差別などの社会問題は社会制度の、精神疾患は個人心理の問題として、それぞれが個別の専門領域の問題とみなされるのが一般的であったし、現在もそれほど事情は変わっていない。ましてや生態系危機や気候変動を、精神疾患や貧困と共通の問題として考察することは、学術界でも思想界でも、あまり受け入れられないのが実情である。むしろ学術界や思想界の現状もまた、産業革命以来の都市のあり方の一部をなしており、都市化をさらに推進する方向にあると考えられる。

一九世紀の西欧世界と現代の地球的危機

先ほどのシュテフェンらの議論、すなわち人新世が一九世紀の西欧から始まったという議論に戻ろう。自然科学的データからそのような議論を展開したシュテフェンらの論文は、きわめて示唆的である。かりにシュテフェンらが示唆するように、人新世が一九世紀の西欧から始まり、現代の地球的危機の起源がそこにあるとしたら、そこにはシュテフェンらが確認した大気中の二酸化炭素濃度や生物

表 序-1　19 世紀イギリスにおける都市問題と 21 世紀における地球規模の諸問題（例）

	19 世紀イギリス	21 世紀の世界
(1)	産業革命と無規制の自由主義経済	途上国の工業化と新自由主義経済
(2)	囲い込み（伝統的自然生活の破壊と市場化）	南の過剰伐採（伝統的自然生活の破壊と市場化）
(3)	イギリスで都市人口が農村人口を上回る（1850 年頃）	世界全体で都市人口が農村人口を上回る（2008 年）
(4)	貧困とスラム化の拡大	世界的な経済格差の拡大とスラムの拡大
(5)	都心の温暖化	地球規模の気候温暖化
(6)	大気汚染	新興工業途上国の大気汚染（PM2.5）
(7)	感染症（チフス）の流行	グローバル・パンデミック（COVID-19 など）
(8)	過重労働と子どもの労働	過剰労働と子どもの労働
(9)	神経症とアルコール依存	多様な精神疾患と依存症
(10)	都市犯罪の広がり	グローバルな組織犯罪の広がり
(11)	群衆と暴動の広がり	デモやポピュリズム、抗議運動の広がり
(12)	新聞や郵便網の発達による公衆世論の成立	インターネットと SNS の発達によるネット世論の成立

多様性の領域の他にも、現代世界のさまざまな問題の起源がみつかることが推測されるからである。

ここで産業革命が定着した一九世紀の西欧社会が直面した諸問題と、二一世紀の現代世界が直面している諸問題を筆者の思いつくままにリストにして並べてみた（表序-1）。すると、両者のあいだには驚くほど多くのつながりがあることが見て取れるだろう。ここでは紙数の都合から項目を省いたが、他にも食糧危機や水質汚染など、比較項目がいくらでも挙げられるだろう。蛇足かもしれないが、各項目について一九世紀と現代の関連を以下に述べておく。

（1）産業と経済

一九世紀のイギリスでは紡績機などが発明され、綿工業を中心に機械制大工業が成立する。そこから、生産手段（原料・機械など）の所有者が賃労働者を働かせるという仕方で、産業資本が形成されていく。イギリスが「世界の工場」と呼ばれるほど巨大な生産力をもつようになると、保護主義は妨げとなり、自由放任主義《レッセ・フェール》にもとづく自由貿易が求められた。イギリスでは市民生活上の問題を国家よりも市場に求める「小さな政府」の考え方にもとづき、社会運営の学として自由主義経済学が発展した。

他方、二一世紀の世界では、それまでの先進諸国が利益率の高い第三次産業への移行を進める「脱工業化」を果たし、工業製品について国内生産から撤退して国外生産へと切り替えた。その生産の請負先として、まず中国が「世界の工場」と呼ばれるほど巨大な工業生産力をもつようになり、他の途上国も中国を追いかけるように工業化を進めている。その背景には、グローバルな自由経済圏と公的領域の民営化を進める「新自由主義」と呼ばれる経済政策がある。第二次大戦後、市場の役割を重視する自由主義に代わり、国家が市場を管理する社会主義的経済政策が主流になったが、米ソ冷戦の終結の前後から自由主義が復活して「新自由主義」と呼ばれるようになった。その新自由主義経済体制の下で、世界的に公的領域が市場化の圧力によって再編されつつある。

（2）伝統的生活の解体と市場への組み込み

イギリスでは一六世紀と一八世紀の二度にわたり「囲い込み」と呼ばれる運動が起こった。それによって伝統的な農耕生活を営んでいた農民は、自分の土地から追い出され、都市に流入して賃金労働者とならざるをえなくなり、それが当時の工業発展を支える人的資源となった。

二一世紀の現代も途上国でも同じ運動は続いており、たとえばアマゾン川流域をはじめ、途上国のさまざまな地域で伝統的生活を営んでいた人々が、国家や私企業による開発のために、祖先からの土地を追われ、都市に移住せざるをえなくなるという問題は、しばしばメディアでも取り上げられている。さらに戦争や貧困、治安悪化によって伝統的生活を捨てざるをえなくなった人々、気候変動によって先祖伝来の土地を離れざるをえなくなった人々（これは環境難民と呼ばれる）、さらに都市の再開発《ジェントリフィケーション》によって立ち退きを迫られる人々も含めれば、むしろ「囲い込み」の運動はますますバリエーションを増している。

日本でも二〇世紀にダム開発や宅地開発のために農家が集団移住を迫られたり、河川漁業従事者がダムによって壊滅的な打撃を受けたりして、都市へと流入する結果となったが、それも結果として「囲い込み」と同じ作用をもたらした。このように伝統的な自然経済から切り離されて都市へ移住した人々は、否応なしに生活のすべての領域を貨幣経済、つまり市場に組み込まれることになる。

（3）農村人口と都市人口の逆転

伝統的な農村生活が解体し、もはや地域内に生活基盤を失った人々は、都市に向かわざるをえない。こうしてイギリスは、一八五〇年代に農村人口が都市人口を上回った人類史上で最初の国となる。この流れは「都市化」と呼ばれ、一九世紀のイギリスを中心として世界全体に広まり、二〇〇八年に世界全体の都市人口が農村人口を上回るにいたる。つまり一六〇年ほどのあいだに、イギリスで起こった事態が世界全体に広まったのである。

日本でも、九〇年代までは農村や地方都市から首都圏への移動が主流で、大都市中心部の地価が上昇しすぎたことから周辺部の郊外が拡大する「ドーナツ化現象」がみられたが、九〇年代以後は逆に、周辺部の郊外から大都市へと人口が移動する「逆ドーナツ化現象」が主流となった。もはや農村から都市への移動ではなく、都市から都市への移動が当然の時代になったのである。

(4) 貧困とスラム化

農村が解体して人々が都市に流れ込んでも、都市はそれらの人口をすべて吸収できるわけではなく、その結果として都市の周辺部に「スラム」と呼ばれる貧困者の生活地域が広がることになる。そこで故郷を離れて自給する手段を失った人々は、生活のための基盤をもたないまま劣悪な環境下で生き延びることを強いられる。一九世紀のイギリス、次いでフランスやイタリアなどの都市で広まる貧困街は、後で述べるさまざまな都市問題の原因とみなされていく。この問題は現在も続いているどころか、むしろ世界的にはきわめて深刻な課題となっており、たとえば二〇〇八年の国連人口白書は、世界的な都市化の進行がスラムの拡大とセットであり、途上国を中心に猛烈な勢いでスラムが広がっていることを報告し、それが感染症や治安、紛争など多くの問題の原因となる危険性を指摘している。先進国でも新自由主義政策の広まりによって貧富の差が拡大し、大都市でも地方農村でも着々とスラム化が進行している。

(5) 気候温暖化

都市の排熱がもたらす、いわゆる「ヒートアイランド現象」がはじめて発見されたのは、一九世紀のイギリスである。当時すでに一〇〇万人を超える人口に膨れ上がったロンドンでは、石炭をはじめとする化石燃料が暖房用や工業用に多く使用されていた。一八三三年、気象学者のルーク・ハワードは九年にわたる観察をつうじて、ロンドン市内の夜間気温が市外とくらべて三・七度ほど高くなっていることを発見した。[5] 二一世紀になると、先進国以外の途上国も都市化の進展によって、都市住民はヒートアイランド現象に悩まされるようになり、さらに化石燃料の使用による二酸化炭素の排出量の増加の蓄積により、地球規模の温暖化と気候変動が引き起こされていることは、あえて説明するまでもないだろう。

(6) 大気汚染

一九世紀以後のロンドンは、現代の大気汚染を含むさまざまな公害の起源である。工業化と化石燃料の使用増加によって、一九世紀には「黒い霧」が健康に被害を及ぼし、死者増加の原因であることが認識されたものの、産業界の圧力で「煙害禁止法案」(一八四四)が廃案に追い込まれるなど、有効な対策は取られなかった。[6]「煙《スモーク》」と「霧《フォグ》」から「スモッグ」という新語が生まれたのは、その後のことである。一九五二年に「大ロンドン・スモッグ」事件が起こり、四〇〇〇名以上が大気汚染のために死亡したことによって、ようやくイギリス政府も大気汚染の対策に乗り出すことになった。他方、二一世紀の世界では、急速な工業化を進める途上国を中心に大気汚染などの公害が深刻化しており、中国とその周辺諸国の工場地帯から「ＰＭ２・５」と呼ばれる微細な煤塵が排出され、健康被害の原因となっていることは、読者もご存知のとおりである。

(7) 感染症

一九世紀のロンドンでは、先述した貧困街の拡大にくわえ、一八世紀から下水道の整備をともなわないまま水洗トイレが広まったことにより、悪臭が問題となっていた。とくにテムズ川の汚染と悪臭は深刻で、河岸の人々はチフスなどの感染症に悩まされることになった。一八五八年にテムズ川沿いで「大悪臭」事件が起こったのを契機として、ようやく下水道整備が始まる。他方、一八四二年にチャドウィックが『衛生報告』を提出し、感染症の解決のために貧困層の生活向上と都市衛生の推進を求めたことから、都市の衛生問題の重要性が人々に認識されはじめる。現代の衛生学や公衆医学は、ここに起源をもっている。またチャドウィックの報告[7]は、下層労働者の生活実態の問題を明らかにしたことにより、マルクスをはじめ多くの社会主義者や共産主義者に影響を与えることになった。

現代ではこれと同じ問題が途上国に広がっており、ＳＤＧｓにおいてもその解決として水道とトイレの整備が提唱されている。さらに近年、人類は新たな感染症（人畜共通感染症）に襲われている。目下継続中の課題である新型コロナウィルス（COVID-19）に代表される、寄宿種を動物から人間に移行したウィルスである。これは途上国における都市化の拡大にともなう環境破壊に由来すると考えられている。つまり、開発の進展によって人類がこれまで足を踏み入れることのなかった自然環境と直接に接することになり、未知のウィルスに罹患することから生じる感染症とみなされている。これも途上国では貧困街を中心に被害が拡大しており、その解決の見通しはいまだ不明である。

（8）過重労働と健康被害

一九世紀のイギリスでは、国家による法的規制のない野放図な自由主義経済が常識であり、資本家が労働者を露骨に搾取したため、低賃金での過重労働が労働者の健康状態を悪化させていた。貧困のため、成長期の少年たちも長時間労働に従事せざるをえず、少年の低栄養と過剰労働による健康被害が人道的問題として懸念された。過重労働が少子化と大きく結びついていること、また労働者の権利を要求する労働運動の広がりを懸念したイギリス政府は工場法の制定（一八三三）によってそれらの問題を抑え込もうとした。これは世界で最初に労働者の権利を定めた法律とみなされている。また、労働者層を主体とする社会体制をめざす社会主義や共産主義の思想も、当時の労働者の悲惨な状況を背景として広まっていった。現在では、工場での少年労働は先進国から途上国へと移り、先進諸国のグローバル資本もそれを利用して利益を上げている。また先進諸国では、第三次産業における長時間労働が常態化しており、社会保障の削減や雇用の非正規化などの新自由主義政策が定着するにつれて、ますます深刻化している。

(9) 精神疾患と依存症

精神医学において、一九世紀は「神経症の時代」として知られる。神経症の中でもヒステリーと呼ばれる疾患(抑圧などの精神的原因によって身体症状を呈したり、別人格が生じたりする)が西欧の都市社会で大きな問題となった時代であり、ヒステリーの謎めいた性質を明らかにするために、フランスでシャルコーが催眠療法を発案し、オーストリアではフロイトが精神分析を発案した。また工場労働者や貧困層の男性を中心にアルコール依存が広がったのも、この時期である。

他方、現在の世界では、過重労働によるうつ病をはじめ、多種多様な精神疾患が一般化しつつある。また女性解放運動と平行して女性の賃金労働者化が進み、それにともなって摂食障害と呼ばれる一種の「食依存症」が広がっている。また希望のない生活を送る貧困層や、過剰労働を耐える労働者のあいだに、薬物依存(麻薬以外にも合法的な医薬品も含めて)が広がっている。

(10) 犯　罪

犯罪学が登場したのも、一九世紀の西欧都市社会が背景にある。貧富の極端な格差を背景に、都市内の犯罪件数が増加すると、警察権力だけでは抑え込むことができなくなり、その原因を解明することが求められた。一九世紀に犯罪学が登場したのは、何よりも都市の治安問題に対処するためであった。犯罪の原因をめぐる論争の中で、一九世紀に「フランス環境学派」と呼ばれるグループは、犯罪の原因を個人と国家の中間に位置する社会環境に求めた。そこから都市問題の解決に寄与する学問として、社会学が確立されていくことになる。他方、二一世紀では犯罪組織のグローバル化と巨大化が問題となっており、それらの犯罪組織は公的な政治権力や国際資本と結びつきながら、その勢力を拡大している。

(11) 群衆と暴動

自給経済を多く残す農村の生活共同体と異なり、貨幣経済のシステムに依存する都市の労働者は、個人（あるいは家族）単位で生活を営まざるをえない。そのように自分と密接な関係をもつ共同体をもたない都市の個人は、政治的・経済的不満を個人が抱え込むことになる。しかし、何らかの契機で多くの個人が集まって群衆になると、その不満は容易に共鳴し、拡大して、暴動を引き起こす。一九世紀の都市社会では群衆とその暴動が大きな治安上の課題となった。それが労働運動と結びつくことを怖れた支配層は、思想統制を強めるなどして、群衆が組織化されることを徹底的に抑え込むことになる。二一世紀では新自由主義的政策による貧富の拡大を背景に、先進諸国でも暴動やデモが頻発しつつある。これは左派と右派に関係なく起こっており、二〇二一年一月にはアメリカで合衆国議会を極右の群衆が占拠するまでに、この流れが強まっている。

(12) 世論とメディア

コミュニケーション・メディアとしての手紙の歴史は、古代にまでさかのぼる。しかし近代の郵便制度が登場したのは、一八四〇年のイギリスである。この年、ローランド・ヒルが考案した均一料金郵便制度が実現され、世界最初の郵便切手(ペニー・ブラック)が発行された。これによって国内の個人は自由に意見をやりとりすることができるようになり、それまでに発展していた新聞と並んで、世論を形成する重要な役割を担った。現在、コミュニケーション・メディアは二〇世紀末に普及したインターネットの登場によって大きく変わり、電子的媒体をつうじて世界中リアルタイムで意見のやりとりをすることができるようになった。そしてインターネット上のSNSで醸成された世論は、国際機関や巨大企業、国家の方針にも影響を与えるようになっている。

以上、ざっと表に並べた項目について、かんたんに解説を加えた。いずれも中学や高校の世界史の教科書や参考書に掲載されている程度の内容であり、あえて記述するまでもないと思われた読者もいるかもしれない。しかし、このように項目を並べて現代とのつながりを考えてみると、あらためて気づかされることがある。それは、現在の私たちが直面している地球規模の自然環境問題や、先進諸国で起こっている社会問題の多くが、すでに一九世紀のイギリス(とそれに続いて産業化した西欧諸国の都市)のうちに起源をもっているということである。逆にいえば、現在の地球環境と人類の持続可能性の危機は、一九世紀の西欧都市が直面した危機が世界規模で広がった結果であり、したがって、それは都市の問題に帰着する。

2　環境問題と一九世紀思想

都市とその外部

「人新世」概念が、現在の地球環境と人類の持続可能性の危機を認識するようあらためて私たちに迫るものであり、その直接的な起源が、一九世紀の産業都市の成立とその危機に求められるとしたら、その克服のヒントも一九世紀当時の危機をめぐる議論の中に見つからないだろうか？

このような観点から一九世紀の思想や社会科学を眺めてみると、当時は自然環境の問題は現在ほど深刻には捉えられておらず、ましてや自然環境が社会や個人精神の問題と結びついているという認識はほとんど見当たらない。しかし、当時の状況を考えればそれも当然のことであろう。というのも、一九世紀以後、先進諸国の都市は、都市にとって必要な資源、すなわち人的資源やエネルギー資源、産業資源、知的資源などの多種多様な資源を、都市の外部から入手することで成り立っており、自然資源はアフリカ大陸をはじめ、都市の外部の場所に無尽蔵に存在するとみなされていたからだ。

さらに言えば一九世紀以降、都市はみずからが直面した危機を、都市の外部へと放逐することで解決した。すなわち貧困や大気汚染や少年労働は、先進諸国から工業生産が途上国へと移されるとともに「解決」したとみなされ、発電所やダムや廃棄物処理場も、都市から離れた田舎へと移され、これも近年は先進国から途上国に「輸出」されつつある。

前者の観点から都市の存立基盤を考えると、じつは都市はその面積の土地だけで維持されているのではないことがわかる。都市の消費生活と産業活動を維持するには、都市以外の別の場所に広大な土地の面積が必要となる。たとえば食料は農地や牧場、海で生産され、産業資源は山岳地帯や砂漠地帯で生産されるなど、都市生活を維持するためには、都市の外部から膨大な資源を入手する必要がある。エコロジカル・フットプリント（人間が地球に残した足跡）という指標は、そのような観点から、一人あたり地球の面積をどれくらいの消費しているかを明らかにするために考案されたものである。

二〇一〇年のイギリス環境省のエコロジカル・フットプリントについての調査は、ロンドン市民は一人あたり地球面積の四・五ヘクタールを消費しており、ロンドン全体では三四〇〇万ヘクタールを消費していることを明らかにした。これはロンドンの面積の二〇〇倍に相当する広さである。[8] 同じように東京都民は一人あたり地球面積の五・二ヘクタールを消費しており、都の人口を九〇〇万人として計算すると、およそ地球面積の四七〇〇万ヘクタールを消費していることになる。これは実際の東京都の面積が二二万ヘクタールであることを考えると、やはり東京都の二〇〇倍以上に相当する面積である。[9] ようするに都市は、人体にたとえれば農村や自然環境という「身体」を支配する「脳」のように見えながらも、実際には市場という経路をつうじて、都市の外部に手を伸ばして膨大な資源を獲得し、都市の内部で消費した後、ふたたび都市の外部に膨大な量の廃棄物を排出する、巨大な消化器官なのである。

貧困問題と自然環境問題

したがって都市化が進行することは、その外部の広大な領域が多種多様な仕方で開発されることと、外部に膨大な量の排出物が捨てられることを意味する。一九世紀は、そのような都市のあり方が永遠に可能であると思われた時代である。都市を維持し、発展させるために必要な資源を求めて、遠くアフリカ大陸やアメリカ大陸、アジアの諸国を侵略し、植民地化することもできた。川や海は無限大のゴミ箱であり、空は工場が排出する煤塵や有毒ガスを吸収する広大無辺の空気清浄機とみなされた。しかし、地球は無限ではなかった。資源は尽きつつあり、その消費量は自然の再生産能力を大きく超えている。廃棄物は質・量ともに自然界の分解能力をとうに超えている。こうして外部の自然界に依拠することで成り立っていた都市は、地球の再生産と処理の能力の限界《プラネタリー・バウンダリー》に直面するようになった。都市から排出された二酸化炭素は、温室効果をつうじて気候変動を引き起こし、それが熱波や水害など自然災害を多発させる原因となっている。都市が拡大し発展するために、かつて人類がほとんど足を踏み入れたことのない深奥の野生の地まで開発の手が伸ばされている。そこから「人畜共通感染症」と呼ばれる新たなウィルスが次々と都市の中に侵入し、現在はグローバル・パンデミックとして、都市生活そのものを機能不全に陥れている。このようなエコロジー的危機を迎えた現代の世界は、当然ながら一九世紀の人々には想像もできなかっただろう。

とはいえ、一九世紀の都市が、その外部に与えた影響が内部に跳ね返ってくるという意味での、エコロジー的危機を経験しなかったわけではない。先に述べた大気汚染や水質汚染は、そのわかりやすい例である。しかし、後の社会体制に与えたもっと重要なエコロジー危機がある。それは一九世紀末に政治的かつ学術的な問題となった貧困であり、それに由来する犯罪や感染症の広がりである。というのも、そもそも貧困問題の始まりは、都市が拡大のための資源を入手するために、都市の外部にあった農村などの伝統的共同体が解体され、人々が土地から追い出され、かつての自然と結びついた生活基盤を失い、否応なく都市に集まってきたことにあるからである。そのメカニズムは、都市の拡大に必要な資源を外部に求めて自然界の開発を進めた結果、そこに存在していた未知のウィルスがそれまでの寄宿主を失い、新たな寄宿主として人間を選び、都市の内部に入り込んでくるのと重なる。つまり貧困問題は、都市による自然環境破壊——と同時に、自然と共生的な生活の破壊——の帰結として出現したのである。

一九世紀末のフランスで社会学が確立されたのは、そのような時期である。そこで「社会」は、個人と国家のあいだの中間領域として発見された。この中間領域は、個人をとりまく「環境《ミリュー》」とみなされ、その改善が貧困や犯罪など諸問題の解決のための重要な課題となった。しかし、はたしてそれは中間領域なのだろうか？　むしろこの領域こそが唯一の実在で、個人や国家は観念上の存在にすぎないのではないか？　このように「環境」そのものを実在性を問い、「環境」から思考を展開する思想家も少なからずいた。たとえば社会学では模倣説を提唱し、「フランス環境学派」の犯罪学者として出発したガブリエル・タルドであり、また哲学ではタルドの後任としてエコール・ド・フランスの教授として就任したアンリ・ベルクソンである。彼らは「環境《アンヴィロヌマン》」という言葉を用いてはいないものの、そのような「環境《ミリュー》」を唯一の実体として、タルドはコミュニケーションと出来事の連鎖として「社会」を考察し、またベルクソンは「持続」を考察した。その意味で、彼らは現在のエコロジー的問題の論理を、当時の視点から探求した思想家と言ってよい。彼らは「環境」を出来事の連鎖からなる流れとみなし、その実体性を考察したのであり、その思想は後のドゥルーズ＝ガタリをはじめ、多くの思想家たちに継承されて、現在のエコロジー思想にも影響を与えている。その意味でも一九世紀思想には、おそらく現代の自然環境と人類のエコロジー的危機について、他にも多くのヒントが隠されていると思われる。しかし本書はそのような思想的問題に主眼を置いているわけではないので、この点については別の機会に譲りたい。

ただし、先ほどの表について、もうひとつ付け加えておきたいことがある。それは、表に示されたそれぞれの問題ごとに、それを対象とする専門的な学術領域がつくりあげられたということだ。自由主義市場は経済学、犯罪問題は犯罪学、さらに貧困などの社会問題は社会学、感染症は公衆衛生学、ヒステリーは精神医学と心理学をつくりだす原因となった。それらの学問は、いずれも基本的には産業革命後の近代都市の維持を前提として、現在にいたるまで発展を遂げている。さらに、それらの諸問題に対処するためにつくられた政治的装置は、都市の管理手段として進化を遂げてきた。最初に筆者が「学術界や思想界の現状もまた、産業革命以来の都市のあり方の一部をなしており、都市化をさらに推進する方向にある」と述べたのは、そのような意味である。

そして、それらの学問が専門分野として確立されればされるほど、他の学問とは無関係になり、同時に対象となる問題もそれぞれ独立したものとして扱われるようになる。しかし、先ほどの表から示されるのは、それらがひとつの実体――都市――のさまざまな現れ方の違いにすぎないということである。したがって、それらの問題は相互に結びついているだけでなく、また根底においても結びついている。二〇世紀の社会科学や社会思想は、精神疾患やアルコール依存と貧困、犯罪と社会制度など、個人的現象と社会的領域のあいだのつながりについて考察を進めてきたことに特徴がある。しかし、フーコーやアルチュセールのような著名な社会思想家においてさえ、自然環境との結びつきが真剣に考察されたことはほとんどなかった。つまり、都市の内部だけで問題が捉えられてきた。現在の学術的課題は、ふたたび都市の問題を、その内部だけを見るのではなく、その外部――自然環境など――を含めた統合的観点から捉え直すことにある。たとえば先に挙げたエコロジカル・フットプリントの考え方は、都市を捉えるために、その都市の実際の面積とともに潜在的な面積もあわせて提示することで、都市の問題を新たな視点から捉えなおす試みとして評価できるだろう。また人文地理学や経済地理学は、近年そのような観点から大きな飛躍を遂げている。直近では犯罪学においても、環境破壊などエコロジー的観点から犯罪を捉え直す「グリーン・クリミノロジー」[10]が提唱され、注目を集めているようだ。

これまで述べた観点から、産業革命後の都市問題として現在の持続可能性危機を捉えなおすと、どのような未来が浮かびあがってくるのだろうか。ここでは事例として、筆者が素人ながら、仕事でも生活でも多少なりとも関わりのある滋賀県のダム問題を取り上げたい。

3　「脱都市」の可能性

大戸川ダム問題

淀川水系の上流にある大戸《だいど》川《がわ》は、戦後まもなく集中豪雨による氾濫が起こり、多くの死傷者を出した。そこで国土交通省は一九七八年、洪水調節や発電を含む多目的ダムとして、大戸川ダムを計画した。その後、用地買収などに時間をかけているうちに「脱ダム」の気運が高まり、国土交通省も二〇〇五年にいったん建設中止を発表した。ところが肝心の地元である滋賀県大津市が建設中止に反対し、事態が混乱したため、中止かどうかも曖昧になった。滋賀県の世論は、自民党を中心とするダム賛成派と、野党を中心とする建設反対派の真っ二つに分かれた。

緊迫した状況の二〇〇六年の滋賀県知事選で、「脱ダム」の公約を掲げた嘉田由紀子が勝利すると、ダムに代わる水害防止策として「流域治水」が採用された。流域治水とは、流域内の地域でミクロな治水対策を積み重ねることで、豪雨時に川へ流れ込む水量を抑え込むという手法である。嘉田知事はその方針にしたがい、大戸川ダムを含む六ヶ所のダムの建設計画を中止・凍結した。ただし、その道は平穏ではなかった。ダムの場合は、物理的に水量や強度を計算して設計されるため、その効果が量的に測定可能である。しかし、地域の多種多様な取り組みの総和である流域治水の場合、量的測定が難しい。そのような事情から、嘉田が一部のダムについて建設の必要性を認めざるをえなくなると、マスメディアはいっせいに「公約破り」と非難を浴びせ、支持率と求心力が低下することになった。

二〇一四年に知事に当選した三日月大造は、嘉田が議会で自民党のダム賛成派と対立し、議会運営に苦慮したことへの反省から、ダム問題に中間的な態度をとり、大戸川ダムについても治水ダムとして有用性が認められることになった。そして、ついに二〇二一年二月末、国土交通省近畿地方整備局により、淀川水系の河川整備計画の変更原案がホームページで公表され（二月二六日）、関係者に激震が走った。これまで凍結されていた滋賀県の大戸川ダム建設の再開が、その原案に盛り込まれていたからである。

「脱ダム」の背景

ここでダム問題をめぐる歴史をかんたんに整理してみよう。モンスーン気候帯に位置する日本列島では、治水と利水が大きな課題であり続けてきた。そのため古代から、溜め池や堰堤、堤防といった人為的な河川改修が盛んにおこなわれてきた。空海や行基が、溜め池や灌漑の工事を指導したのも、その歴史のひとコマである。近代になると、農業以外にも水道や発電のためにダムが利用されるようになり、さらに第二次大戦後には建設技術の進歩によって大規模ダムが各地に広まる。とくに一九六三年に完成した水力発電用の黒部ダムは、現在まで国内でもっとも堤高の高いダムである。この巨大建造物は高度経済成長と近代化のシンボルとみなされ、黒部渓谷を舞台とした困難な建設作業が映画化（熊井啓監督『黒部の太陽』一九六八年）されて大ヒットしたことからもわかるように、当時は巨大ダム建設を歓迎する風潮が強かった。もちろん反対運動も珍しくなかったが、当時は建設予定地域の住民の集団移転問題に重点が置かれ、環境破壊の側面は、河川漁業者による反対運動を除けば、あまり重視されなかった。

しかし四大公害病など、高度経済成長の負の側面が可視化されていくと、ダム事業は曲がり角を迎えはじめる。八〇年代になると、生態系と水質に深刻な影響を与えるダムは、環境破壊の象徴とみなされていく（長良川河口堰問題など）。すでにアメリカでは環境保護運動の高まりから「ダムの終わり」が謳われ、その影響を受けて二〇〇一年、長野県知事に就任した田中康夫が「脱ダム宣言」を発表すると、国内でダム反対の機運は一気に高まっていく。国土交通省も計画の見直しを迫られた結果、ダムに依存しない「流域治水」にシフトしていく方針を示し、このまま「脱ダム」の流れが定着するかに思われた。

ところが「脱ダム宣言」以後、皮肉なことに地球規模の気候変動の影響による記録的豪雨が多発し、水害が激甚化した。とくに二〇一六年以後、記録的被害をもたらす台風と集中豪雨が相次ぎ、地理的に台風の通り道になりやすい九州地方では深刻な被害が続いており、現在も復旧作業が続けられている。また二〇一九年の台風一九号で首都圏を機能不全に陥らせた大水害も、関東の人々には記憶に新しいだろう。それらの水害においてダムの貯水機能が危機的状況に陥ったことから、ふたたびダム建設を柱とした治水策を求める動きが強まった。こうした状況の中で、先ほど述べた国交省の原案が提示されたのである。

流域治水について

「流域治水」という言葉については、近年、豪雨被害を受けた九州を中心に積極的に進められている施策であるため、報道で耳にしたことのある読者もいるだろう。従来の治水の基本的な考え方は、水害が絶対に起こらないように、行政が主体となってダムや堤防などの建造物によって氾濫を食い止めるというものであった。流域治水はそれと反対に、地域住民が主体となって、最初から水害が起こることを前提に、そのリスクを流域で分散させるという考え方に立つ。たとえば、上流の堤防の一部を低くして、意図的に水をあふれやすくした箇所をつくり、豪雨時にあふれた水を田んぼなどに流すことで、下流の居住地域に被害が及ばないようにする「霞堤」と呼ばれる仕組みがよく知られている。他にも、里山の杉林（杉は根が浅いため土壌の保水力が低下すると言われる）を保水力の高い広葉樹林に植え替える「緑のダム」や、水田を利用した「田んぼダム」（豪雨災害に悩む熊本県で実験中）など、多種多彩な手法が開発されている。

　エコロジストを中心とするダム反対派は、このような流域治水をダムの「代替手段」として推進している。他方、国交省の側も水害の激甚化に対するダム機能の「補完手段」として、流域治水の推進を謳っている。問題は、流域治水をダムの代替手段とみなすか、それとも補完手段とみなすかという観点の違いにある。両観点の相違は現在、きわめてセンシティブな政治的問題として浮上しているのだが、ここでは具体的な政治問題や国交省の提案の評価から離れて、別の観点から捉え直してみたい。

歴史的にみれば、伝統的には各地域で、また各戸で、広い意味での集団的な流域治水がおこなわれていた。しかし人間活動の変化にともなって、農業用水や工業用電力などの必要性が生じたり、かつては水害を怖れて誰も住まなかった場所に住宅地が開発されたり、気候温暖化により雨量が増大したり……等々の理由から、ダムが必要とされるようになった。つまり、伝統的な流域治水では相対的に不十分であることから、それを補完するためにダム（とくに治水ダム）がつくられた。したがって原理的には、流域治水がダムの補完手段なのではなく、逆にダムが流域治水の補完手段だったはずである。その関係が逆転してしまったのは、私たちがダムや堤防などの公共的装置に治水を委ねた結果、集団的な流域治水がおこなわれなくなったためである。実際、農村地域ではなく都市に住む人々は、自宅の雨漏りの修理をすることはあっても、個人や地域で治水や水害対策をおこなう必要はなく、その役割を政府や自治体、専門業者に委ねている。

くわえて近代都市は、生活空間から自然環境の影響を徹底的に排除することに特徴がある。道路にアスファルトを敷き詰め、排水路を縦横無尽に張り巡らせることで、私たちは豪雨時でも自由に移動し、屋内で快適に活動をおこなうことができる。そのような排水機能の高度化は、しかしながら保水機能を失うことの裏面である。都市では豪雨が迅速に排水される反面、そのぶん川に流れ込む水量が増加する。極端に言えば、そこから治水ダムの必要性が高まる。現在の気候変動による豪雨の原因も、世界的な都市化がもたらした炭酸ガス排出量の増加にあることも踏まえれば、ようするに私たちが自然の影響に煩わされず、自由で快適な都市空間を広げれば広げるほど、多くのダムが必要とされるわけである。

二つの怪物――自然災害と巨大権力

このように眺めると、集団的な流域治水とダムの関係は、自然免疫と抗生物質の関係によく似ている。生来の自然免疫（もともと存在した流域治水）では不十分であるために抗生物質（ダムをはじめとする巨大な治水装置）に頼るようになり、それが強い副作用（生態系破壊）をともなっているとしても、その強力な効果に依存するうちに自然免疫が衰える。そして、今では副作用に身体（自然環境）が耐えられなくなったにもかかわらず、もはや自然免疫が失われているので抗生物質をやめることができない、という関係である。

この悪循環には、さらに二つの悪循環が付け加わる。一つめは、ダムにせよ抗生物質にせよ、高い効果を望めば望むほど、担い手である国家や企業がますます巨大化するということだ。というのも、それらの手段はいずれも高度なテクノロジーの産物であり、その開発と実現には巨大な権能と巨額の資本が必要となるからだ。二つめは、その災禍を防ごうとすればするほど、ますます別の災禍に襲われるということだ。たとえば、ダムによって水害を完全に防ごうとすればするほど巨大ダムの建設が増加するが、そのぶん環境破壊の影響も激しくなり、漁獲高の減少や水質悪化など別の災禍に襲われる。同様に、強力な抗生物質によって体内を殺菌すればするほど、副作用に襲われるだけでなく、強力な耐性菌を生みだすことになる。その意味でダムは、効果も副作用も強力な抗生物質のようなもの、つまり劇薬なのである。

このように私たちが自然の脅威から完全に身を守ろうとすればするほど、私たちの生活空間の外部に追いやられた自然は予想できない仕方で怪物化し、私たちに襲いかかってくる。他方、その怪物を退治するために、個人や地域の力を超えた強力な人工的装置を求めると、その装置も怪物化し、制御不能となる。こうして怪物化した自然の脅威が現在の地球環境問題（とそれがもたらす自然災害）であり、他方の怪物化した人工的装置が国家（とそれに結びついたグローバル資本）の巨大権力である。地球環境問題と巨大権力という双子の怪物は、近代の都市生活がもたらした平行現象なのである。

目下の課題である新型コロナ禍を例に取ろう。新型コロナウィルスに代表される近年の新たな感染症は、都市化の拡大が引き起こす環境破壊に由来している。つまり大規模開発をつうじた人類の生活空間の拡大によって、これまで人類が接触する機会のなかった生物に触れる機会が増大したこと、また温暖化により媒介動物の生息範囲が拡大したことなどが、新たな感染症の発生要因とされている。

その脅威から逃れるために、多くの人々がワクチンを待望している。ここで政財界にみられる単純な「ワクチン至上主義」を取り上げよう。その考え方によれば、全国民へのワクチン接種によって以前の都市生活を取り戻すことができる。ただし、それは巨大な資本力をもつグローバル製薬資本が、さらに巨大化することにつながるだろう（くわえてワクチン接種の全国民への強制を求める場合、国家の権限もさらに引き上げられるだろう）。また、それは近代都市生活のあり方を転換させることにならない以上、対症療法でしかなく、そのままでは本来の原因である環境破壊を止めることにはつながらないだろう。ワクチンを打って「元の生活」に戻れば、すぐに環境破壊のことなど忘れてしまうだろう。そして第二、第三の新興感染症が襲いかかってくる度に、同じことを繰り返すことになるだろう。筆者はワクチンをはじめとする近代医療の有効性と必要性を否定するものではないが、このように話を単純化すれば、それは現在のダム建設を推進する考え方と重なってくる。また、原子力発電所や東北大震災後の沿岸部に築かれた高さ十メートルを超える防潮堤も同様である。これも安心・安全・快適な生活が求められるという前提で推進された、巨大建造物である。

　他方、集団的な流域治水は（これも極端に単純化すれば）、マスクやワクチン接種を否定する集団免疫主義と重なる面がある。つまり人間の側の怪物――巨大権力とダム――に頼らない代わりに、自然の側の怪物――ウィルスと水害――がもたらすリスクを、個人や地域、集団の工夫によって引き受けるというものである。ただし、それは適切なリスク評価にくわえて、国家や資本に依存することによって失われた個人や地域の能力を、人々が取り戻すことが前提である。そうでなければ多くの人が致命的な被害を受けることは避けられないだろう。しかも、その考え方が新自由主義的な自己責任論と重なれば、たんなる棄民政治、つまり人々を文明状態から過酷な自然状態へ追放することになるという懸念もある。

ただし現状では、近代都市生活の発展を環境保全と両立させる（と称する）国連主導のＳＤＧｓやハイテク企業主導のスマートシティのような考え方が支持されている。集団免疫についても、ワクチン接種による集団免疫の獲得を主張する人々が一般的である。そのため実際には、上記の二つの極の中間的もしくは折衷的な仕方で事態が進行するだろうと推測される、しかし、そのような対症療法がいつまで続くのか、それを持続するのは不可能ではないか、という疑問は残りつづけるだろう。

ここで筆者がＳＤＧｓの不十分さを指摘するからといって、国連に対してさらに強力な環境政策を推進せよと求めたいわけではない。たしかにＳＤＧｓには国家間の妥協の産物という側面もあり、地球環境問題の抜本的な解決を図るには目標設定が甘すぎるし、それでは根本的に環境問題が解決しないと批判することもできるだろう。しかし現状では、目標設定が甘すぎると言われるＳＤＧｓでさえ、多くの国でその達成が疑問視されている状況である。そのような状況で、国連にもっと強力な環境政策を求めるとしたら、それは大国の権力を超えるほどの強大な権力を国連に与えようという要求と同義である。そのような地球規模の中央集権体制ができれば、さらに厄介な問題が引き起こされることは目に見えている[1]。そうであれば、現状のＳＤＧｓのほうがまだ望ましいように思われる。

自然をふたたび迎え入れる――「脱都市」の可能性

寄生虫学者の藤田紘一郎は、花粉症などのアレルギー疾患が増加する要因として、生活が衛生的になりすぎて人体内から寄生虫が消えたことを挙げ、逆に体内に寄生虫を飼うことで免疫機構が正常化する可能性を指摘し、かつて話題になった[12]。寄生虫をそのまま口に入れるのは極端だとしても、藤田の指摘には深く耳を傾ける必要がある。なぜなら、人間が自然の影響を外部へと追放することが、現在の自然環境と人類の持続可能性の危機の原因になっているとしたら、その解決のためには、外部に追いやった自然をふたたび人間世界の内部へと迎え入れなければならないということを、藤田は明快に示しているからだ。

私たちは、自分たちの意に沿わない自然現象――雨や風、暑気や冷気、虫や細菌など――を、生活空間から追放するために多大な努力を傾けてきた。そして巨大な国家権力と市場経済という人工的装置をつうじて、周囲の環境を人工物に置き換えてきた。その傾向は大都市を中心に、ますます強まっている。しかし、現在の危機を克服するには、そのような方向性を反転させ、これまで遠くに追放してきた自然に少しでも近づき、身を委ねることが必要となる。

このように述べるからといって、筆者は「野生の生活に帰れ」と言いたいわけではない。というのも長らく人類は、人間以外の自然と共生的な関係を結ぶ生活を送ってきたが、それは野生動物の生活とはまったく異なり、豊かな「文化」と「共同性」によって実現されてきたからである。実際、現在の社会問題は、貧困者からそのような文化を剥ぎ取り、ホームレスとして野生動物と同じような状況に追いやることにある。

むしろ筆者が言いたいのは、豪雨などの自然現象を個人的かつ集合的レベルで、しかも危険性の少ない仕方で引き受け、リスクを利益へと転換することである。別の言い方をすれば、自然の水循環プロセスに何らかの仕方で自己を委ね、そのプロセスと接続させる、つまり自身を都市から切り離し、蛇口とトイレをつなぐ「動き回る水道管」となるのを一時的にでもやめて、自己――自分の精神であれ、身体であれ、空間であれ、時間であれ、領土であれ――を雨水の流れの通過経路とすることである。貧弱な例を挙げれば、雨を個人で貯水槽に溜めて家庭菜園や洗い物に利用したり、地域や各戸で発電に利用したり、あるいは子どものように雨に身を委ねることを楽しみ、雨水の行く先を想像する――等々。ただし、そこから地球規模の課題解決にいたるには、途方もない工夫と長い時間が必要となるのは確かではあるのだが。

それでも最近、海外で話題になっている作者不詳の次の言葉――なぜかフランスではセネカ、イギリスではガンジー、アメリカでは別の人物が作者とされている――は、自然を遠ざけるのではなく、自然を受け入れることに生の意味を見出そうとするものであり、上記で述べた問題の核心を示唆している。

「生きることの意味は、嵐が過ぎ去るのを待つことではなく、雨の中で踊る術を学ぶことにある」

現在の都市に住む私たちの生もまた、ありとあらゆるリスクを遠ざけることに汲々としている。そして経済的リスク、政治的リスク、医学的リスク、社会的リスク、精神的リスクなど、さまざまなリスクを避ける手段を国家と市場に求めつづけている。そして、それらのリスクを避けること自体が人生の目的であるかのように、「安心・安全・快適」が「幸福」を超えて最大の価値をもつようになりつつある。しかし、だからといって恐ろしい嵐を避けてひたすら通り過ぎるのを待ちつづけることに、人々が無上の喜びを感じているとは思えない。そもそも、それらのリスクは完全に避けるべきものなのだろうか？　人々がそれらのリスクを避ける手段を国家と市場に際限なく求め続けた結果、国家と市場が人々に制御できないほど肥大し、地球環境の危機（ついでに民主政治の危機も）という途方もないリスクがつくりだされているというのに？

現在の子どもたちの遊びを眺めても、また私たちの子ども時代の遊びを思い出しても、まったく安全な遊びというのは、たいして面白くもないものである。むしろ多少なりとも危険やリスクがあり、それを克服する技術を身につけることに面白さを感じるのが普通であろう。というより、そもそも遊びというのは、そのような危険を自分の技術や能力を高めることによって克服することに楽しみがあるのではないだろうか。過酷な雪山や絶壁を登る登山家、猛烈な速度でサーキットを走るＦ１レーサー、全力で互いに顔を殴りあうボクサーなど、生死のはざまで活動する彼らは、そのような遊びの究極の姿を示している。彼らは、快適な都市空間で安全・安心な生活を求める人々が望む姿ではないだろうし、場合によってはそのような人々から狂人扱いされるだろう。それでも、危険をすべて避けつづけて人生を送るのと、なんらかの危険を克服しようとする人生を送るのと、どちらが大きな楽しみと喜びを（おそらく、その代わりに大きな苦しみと悲しみも）与えるものであるかは、明らかであるように思われる。

こうした問い――生の意味を考えること――は、近代においては文学や宗教、芸術といった、学術界では周辺領域に置かれ、現在は不要な学問として切り捨てられつつある領域で扱われてきた主題である。また大学教育においては「教養教育」という、これもまた現在は大学教育から切り捨てられつつある領域で扱われてきた主題でもある。さらに、それは発達的観点からいえば、青年期の「モラトリアム」において各人が直面する課題として扱われ、現在では若者自身によっても顧みられなくなった主題でもある。このように、さまざまな領域で「自然」は私たちの「生」から排斥されつつあるが、しかし、その流れがどこまで続くのかはきわめて怪しい。というのも、環境問題と都市の関係で述べたのと同じ論理にしたがえば、その排斥がさまざまな病理としていずれ私たちに襲いかかってくるのは明らかだと思われるからである。

このような観点から考えると、具体的にではないにせよ、現在の都市のあり方を脱出する方向性がおぼろげながら見えてくる。すなわち各人が出来事としての自然のプロセス――雨や雪や虫などの自然現象や自然生物だけでなく、生・老・病・死も含めて――を、相互の協力をつうじて、わずかずつでも自分自身で引き受けることのできる領域を増やし、その危険を克服していくことに喜びを見出す、つまり生きることが遊びそのものであるような生活である。それは市場や国家に委ねる都市生活によって失われた自己の生の力能を取り戻すことであり、危険を克服する精神的・身体的・社会的な免疫力を増やすことであり、ひいては一九世紀以後の都市が歩んだ道程（実際には一九世紀よりもっと古い時代にさかのぼって考えるべきだろう）とは反対の方向に、都市に代わる新たな生活空間をつくりだすことにつながるはずである。

たとえば水害への免疫力という観点でいえば、先ほど流域治水を例にして述べたように、地域での集団的な取り組みと協力が不可欠である。したがって都市から脱し、自然を受け入れつつ、そこからみずからの生の力能を増大させることができるような生活が実現されるには、強力なコミュニティが必要である。そして、それは都市においても地方においても、現在にいたるまでずっと解体されつづけてきたものである。しかしコミュニティなしに、そのような方向性に進むことは不可能だろう。つまり、かつての村落共同体に代わる新しいコミュニティをつくりあげることが課題となるだろう。

さらに、現在はその方向に進もうとすると、都市は人間や組織のさまざまな姿をとって、全力で押し戻そうとするだろう。たとえば自宅での発電手段が普及しはじめると電力会社が全力で阻止しようとするように、都市――その装置である資本主義市場や国家権力も含めて――は人々が自然と接続し、精神的にも身体的にも自給するような「反‐都市」的な行為を認めず、都市の諸装置に人々を依存させ、囲い込んで出られないようにすることで栄養を得ているからだ。

実際、たとえば都市から出て、農村に移動したとしても、現在の農村の風習や価値観、衛生観を受け入れられるかどうかが大きな問題となる。「自然をふたたび迎え入れる」というのは、たんに物質的自然現象を受け入れることだけではなく、その地域の自然環境を支え、共生してきた人間を受け入れることも意味しているからだ。その際の心理的抵抗と文化的衝突も、都市の内部での文化的衝突とは別次元の、厄介な問題である。というのも都市の内部での文化的衝突は、人権や平等、個人主義という近代的価値観を共有することで解消する可能性がある。つまり、その可能性は、衝突する者たちが同じ都市に生きていることを前提としている。しかし伝統的農村と近代的都市の価値観の衝突は、それとは異なる前提に由来しているからである。

それでも、そのような都市のあり方に抗して、少しずつではあるが、都市の内外でエネルギーや食料などの生活に必要な資源を自給しようとする風潮は高まっている。そして実際、若者たちのあいだでも大都市を脱出して地方の農村で自然共生型のライフスタイルをつくることに、時代の先端をみる感受性が広まりつつある。おそらくはそう遠くない先に、その風潮がさらに広がったときに、激しい衝突が起こることになるかもしれない。しかし、現時点でそのようなことを空想するのは、あまりに時期尚早であろう。というのも、近代社会が成立して都市化が進行し、現代の地球規模の課題になるまで数百年かかったのだから、その流れを反転させるとしても、同じくらいの長い時間がかかることを覚悟する必要があると思われるからだ。もちろん、それは人類がそこまで持続できたとしての話であるが。

第一部

「人新世」と都市

第一部は、「都市」の時代の終わりとその未来を主題とした、序章につづく内容の三つの論考からなっている。

第一章「狐、外来生物、ウィルス——感染症と人新世」は、国内で新型コロナウィルスの感染拡大が始まった二〇二〇年春に、思想誌のパンデミック特集のために書かれたものであり、筆者の精神医学研究と里山研究、思想史研究を結びつけ、ガタリの言う精神・社会・自然の「三つのエコロジー」の関係を具体的事例をつうじて扱う内容になっている。

第二章「都市からの逃走——五輪とグローバルシティ」はやや古く、東京五輪招致が決まった直後の二〇一三年に、社会運動を扱う雑誌で東京一極集中についての特集企画を任され、その巻頭論文として書かれたものである。本書が刊行された頃には東京五輪の開催が目前に迫っている（あるいは終わっているか、もしかしたら延期されているか）ので違和感をもつ読者がいるかもしれないが、内容を読んでいただければ、当時から状況も問題もまったく変わっていないことが理解されるだろう。ただし、人口データなど直近の統計資料によって修正できるものはできるかぎり修正した。

第三章「都市を終わらせる——資本主義、文化、ミトコンドリア」は、ちょうどギリシャが債務危機によって欧州で緊張が高まり、筆者がその問題についての翻訳書を仕上げた二〇一六年に、先進諸国で広がる格差拡大に対する抗議運動や暴動を主題とする雑誌の特集号のために、ペンネームで書かれたものである。そのような事情から、文体も他の章とは異なりややふざけたところもあって、エッセイに近いものとなっているが、そのぶん回りくどい書き方をせずに、筆者の思うところを率直に述べることができたと考えている。そのため本書のタイトルもこの論考から取ることにした次第である。

　これらの論考で主張した「脱都市」については、十年前にはほとんど関心をもたれず、むしろ反感をもたれるか、好意的な反応であっても突拍子もないＳＦ的な主張と受け取られ、少々意気消沈した覚えがある。しかし二〇一五年の国連によるＳＤＧｓの提唱以来、環境問題と社会の関係とその未来について多くの人たちが真剣に考えるようになり、また気候変動や環境破壊の防止についての学術界の取り組みも大きく進展しており、とりわけ近年のパンデミック騒動によって大都市への一極集中の問題が大きくクローズアップされている現在になって、当時より真剣に受けとめてもらえる人が増えたのではないかと想像している。

第一章

狐、外来生物、ウィルス

——感染症と人新世

1　B子（仮名）の独白

「じつは私もね、遠く離れた大陸から来たっていう小さな生命体に体中ボロボロにされたんです。体内の免疫機構、今はエコロジーっていうのかしら？　それがもう手に負えないほどおかしくなって。もちろん、外来生物にやられるのははじめてじゃあないですよ。幼い頃からずいぶん長いこと旅をして暮らしましたし、それなりに事件もありましたから。それでもしばらくすると落ち着いて、それなりに健康になりました」

「ただ、このところ何度も大手術を受けましてね。カテーテルを施されてからは排泄も不便になったし、水分調節のために体中にチューブを入れられて、そのおかげで栄養失調になったり、チューブの水にたちの悪い添加物を入れられたり。いつぞやは石鹸も入れられました。あのときはご近所の方たちも大騒ぎして」

「そんなふうに以前から体内の調節機能がおかしくなってましたから、不安はありました。最近の言葉ですと基礎疾患？　それを抱えておりました。そこに新しい外来生物がやって来たわけでしょ。もう苦しくって。まさかこの私がって、ショックで息が止まるかと思いましたわ。といいますか、ほんとうに止まったんですよ（笑）。循環機能に異常が出て、呼吸できなくなって。もうびっくりでしょ？　その前後にようやくＰＣＲ検査もしていただきましたけど」

「ひどくなったのは気候温暖化のせいだって伺いました。でも、専門家の方によりますと原因はそう単純でもないんですって。そりゃ当たり前でしょう、さかのぼったら気候温暖化にも原因があるんですから。どうせ国家や産業界や市民社会の皆さんが仲良く一緒に仕組んだことなんでしょ。グレタさんの言うとおりなんでしょうね」

「そうしたら先日、皆さんが慌てて、君が死にそうだと聞いて心配だっておっしゃるわけ。もう信じられないでしょ、今さら。皆さん、これまで私にずいぶん酷いことばかりしてきたくせに、しかもお金を出すつもりはさらさらないんですよ。いったいどの口が言うのかしらねェ。それにここだけの話、死ぬのは私じゃなくて、皆さんのほうなのに。エッ、私は大丈夫かって、どうしてお聞きになるんです？　私が死ぬなんて、ありえませんよ（笑）」

これは新型コロナウィルスの患者への聞き取りではない。思わせぶりな書き方をして申し訳ないので、B子の生育史と現状について若干の解説をしておきたい。B子が生まれたのは三重県中部である。ただし約六〇〇万年前のことなので、地名に意味があるのかは定かではない。それから五〇〇万年ほどかけて移動した後、ようやく現在の滋賀県に落ち着いた。彼女の日本政府に登録されている正式名は、琵琶湖である。縄文時代から人間に利用され、江戸時代まで小規模な干拓や護岸工事をされた後、近代になって明治政府により下流の大阪平野につながる流出口（瀬田川）に南郷洗堰《なんごうあらいぜき》がつくられ、湖の水位が人為的制御下に置かれることになった。これにより洪水はなくなったものの、護岸に産卵する生物種が大きく減るなど、既存の生態系に大きな影響がではじめた。また、一九七二年より琵琶湖総合開発事業が開始し、流入する河川を含めて近代工法による徹底的な護岸工事、上下水道の整備がおこなわれた結果、上流からの農薬の流入や人里から栄養物が届かなくなることによる貧栄養化などの諸要因が組み合わさり、生態系のさらなる悪化と在来魚種の大幅な減少が引き起こされる。くわえて七四年に外来魚のブラックバスが確認されて以来、外来魚種による生態系への影響も大きくなり、伝統漁業が壊滅的な被害を受けることになった。七七年には水質悪化で赤潮が発生し、そこから主婦たちを中心に合成洗剤の使用を禁止する「石けん運動」が始まり、今につながる琵琶湖の環境保全運動が定着する。

　琵琶湖の環境問題への市民の関心の高まりを受けて、一九九九年に滋賀県は「マザーレイク21計画」を策定し、そして二〇一五年には政府も「琵琶湖の保全及び再生に関する法律」を制定した。しかし、その具体策がなかなか進まないなか、二〇一九年には気候温暖化の進行により、毎年真冬に湖底の水が上層の水と入れ替わる「全層循環」（「琵琶湖の深呼吸」と呼ばれる）が観測史上はじめて停止したことが確認され、翌年も観測されないまま、今後の水質と生態系への悪影響が懸念された（二〇二一年冬、二年ぶりに全層循環が起こったことが確認された）。また遺伝子解析技術の発展にともない、数年前より複数の研究機関が生物多様性の測定のため、ＰＣＲ機器をもちいた調査（環境ＤＮＡ調査）が始めているが、全容が明らかになるのはまだ先のことである。

冒頭で擬人的な書き出しにしたのは、理由がある。第一に、ここで挙げた琵琶湖の問題が、成立条件からみれば今回の新型コロナウィルスのパンデミックと、根本的には同じ問題であることを示したかったからである。ようするに今回の新型コロナウィルスの騒動は、たまたま健康被害を受ける主体が人間になっただけで、湖や川や動植物などの自然的存在――ようするに「大地」――にとっては、グローバル化と外来生物による生態系破壊としてずいぶん前から馴染みの問題なのである。第二の理由は、そのような前提に立って今回の感染症問題を捉えると、人間社会を超えて自然環境も含めて考察することになり、そのために人間と社会を中心に考える視点から離れてみたいからである。さらに、「B子」という名前で湖を女性として擬人化した理由は、語呂合わせもあるが、滋賀県で琵琶湖がしばしば「マザーレイク」と称され、県民にもその呼び名が広まっている状況に合わせたためである。

本論では、まず筆者が仕事で関わっている里山、つまり人間と自然の中間とみなされる領域と感染症の関係から話をはじめ、そこから里山的生活に特有の精神現象のひとつである「狐憑き」を手がかりに、今回のパンデミックを捉える視座を探ってみたい。

2　新興感染症と「二次的自然」

今回の新型コロナウィルス（COVID-19）はＳＡＲＳや「鳥インフルエンザ」と同じく、家畜や野生動物から人間に感染する「人畜共通感染症」である。COVID-19については、中国の奥地のコウモリを起源とする説が有力である。それらの感染症が「グローバル新興感染症」と呼ばれるのは、ペストやコレラのように昔から人間の居住空間に存在する伝統的感染症と異なり、近年のグローバル経済の発展とともに、従来は人類が居住していなかった地域に、森林伐採や大規模開発によって都市がつくられ、これまで人類が直接触れることのなかった野生生物との接点が生じたことによって、新たに発生した感染症だからである。また、そこで動物から人類にウィルスが感染すると、グローバル経済のネットワークをつうじて容易に世界規模のパンデミックが起こるからである。ようするに新興感染症のパンデミックが生じる条件として、グローバルな自由主義経済、都市化、生態系破壊といった一連の現象が結びついているのだ[1]。

くり返しになるがこのような指摘は新興感染症だけに当てはまるわけではなく、以前から外来生物による生態系破壊についても、また外来寄生虫による健康危機についても、そして気候変動とそれらの結びつきについても同じことが指摘されてきた。ブラックバスやオオミズバナキンバイなど外来生物による琵琶湖の生態系破壊は、明らかに新興感染症と同じメカニズムに依拠している。実際、寄生虫学者の藤田紘一郎や生物学者の五箇公一が、グローバルな人間活動と地球規模の環境破壊による外来生物（あるいは病原性寄生生物）の侵入とそれがもたらす国内の生態系破壊（あるいは身体の免疫機構への作用）について、早くから警鐘を鳴らしてきたことはご存じの読者も多いだろう。[2]そして今回のCOVID-19による肺炎が人間の体内の免疫機構にかかわる問題であり、免疫機構が人体内のエコシステムの中枢であることを踏まえれば、今回のパンデミック以前から——さかのぼれば農耕文明が始まって以来——この大地の生態系は人間とともにすでに「感染」し、「発症」していたのである。[3]

　熱帯の途上国においては、以前から人畜共通感染症と自然環境破壊（および地球温暖化）の関係が深刻な公衆衛生上の問題として提起されており、たとえばインドの医学者たちは、人畜共通感染症の予防のために、野生動物の保護を国家戦略とすることを提言してきた。[4]そこで注目されたのは、人間と野生生物の中間領域としての「家畜」の位置づけである。つまり人間と自然（野生生物）のあいだに、人工的自然ないし文化的自然として「家畜」がおり、それが感染症の媒介となることもあれば緩衝地帯《バッファゾーン》になることもあるのだ。ジェンナーの種痘の発明が、牛痘の牛に触れる機会の多い牛飼いたちが自然免疫を得ていたことに由来するという事実も、家畜が緩衝／媒介領域であることを示す一例である。

　もちろん、人間と（いわゆる野生の）自然のあいだの中間地帯は家畜だけではない。ペットや観葉植物、野菜など生物種も、また開墾や植林で成りたつ田畑や山林も、さらに人間社会との相互干渉で変化を遂げてきた琵琶湖や諫早湾などの自然環境も、「文化としての自然」[5]と呼ばれる中間地帯である。実際には地球上の「自然環境」と呼ばれる領域のかなり多くの割合がこうした中間地帯であり、一般にアマゾン奥地やヒマラヤ高山などの手つかずの自然が「一次的自然」と呼ばれるのにたいして、それは「二次的自然」と呼ばれる。日本においては「里山」が代表的な事例であろう。それは人間の居住地域（里）と、人間が利用できない／利用してはならない（多くは水源がある）「奥山」のあいだの領域を意味してきた用語として、「里地」（田畑）、「里川」（農業・生活用の川）、「里海」（近海魚の漁場）と並んで使われてきた言葉である。そのような里山的生態系は、自然の再生能力の限界を超えないよう共同体により利用が管理されつつ、独自の多様な生態系を発展させ、人間と「共進化」した生物群で満たされている。アカトンボやドジョウは水田に依存する生態系の動物種であり、（アメリカの文化人類学者アナ・チンが取り上げて世界的に知られるようになった）マツタケやトリュフは森林の人為的な管理・攪乱（肥料のための落ち葉拾いなど）を条件として発生し、人間に「森の恵み」をもたらしてきた菌類である。つまり、そこでは人間のほうが生物種のあいだの「媒介者」「中間地帯」の役割を果たすわけである。[6]いいかえれば「二次的自然」の生態系においては「人間」もその内部の重要な一部であり、流行の言葉でいえば「アクター・ネットワーク」の「アクター」とみなされる存在である。

3　「人新世」と感染症――自然環境・社会・精神の病理との関連

そのように眺めると、人間と自然の中間地帯としての「二次的自然」という概念が、近代の「人間／自然」の分割を前提とした、いかにも人間中心主義的な近代的概念であることが明らかになってくる。シュテフェンらによる「人新世」（すなわち自然環境の自己修復能力の限界を超えて人間が自然に影響を与えた地質学的年代）の研究[7]によれば、「人新世」が始まったのは一八世紀から一九世紀にかけての西ヨーロッパ、とくにイギリスが最初であったと考えられている。そうであれば、当時からすでに西欧人にとって「自然」は「人為的自然」ないし「二次的自然」だったのである[8]。

当時のイギリスについて述べれば、すでに産業革命により農村が衰退して大都市に人口が集まり、一八五〇年代には人類史上はじめて都市人口が農村人口を上回った国となった。初期の弱肉強食の自由主義経済が支配するロンドンなどの大都市では、低賃金・長時間労働が当然であるばかりか人身売買同然の条件で子どもまでもが働かされ、劣悪な生活環境にいる下層階級のあいだに貧困と犯罪などの社会的問題、栄養失調や疫病などの健康問題、アルコール依存や自殺などの精神的問題が広がっていた。また都市と周辺部には煤塵がまき散らされ、人々は深刻な健康被害にさらされていた。つまり、その時点で環境問題、社会問題、精神問題がワンセットで出現していた。そして二〇〇八年には地球全体で都市人口が農村人口を上回る事態へ突入し、イギリスで起こった状況が世界規模に展開したことを考えれば、現代のグローバル世界の諸問題のほとんどは、「人新世」がはじまった一八世紀から一九世紀にかけてのイギリスで生じた現象が、わずか一～二世紀のあいだで地球全体に拡大したものなのである。

さらに、当時のイギリスでは大都市の下層労働者の劣悪な生活環境において国外から持ち込まれた発疹チフスやコレラ、赤痢などの感染症が蔓延し、アルコール依存と並んで下層労働者の死因の多くの割合を占めていた。その問題に着目したチャドウィックが「衛生報告」[9]（一八四二）を発表し、そこから公衆衛生と疫学が労働運動や都市管理の背景で重要な役割を果たすようになった経緯を思い出すべきだろう。そのことを踏まえると、これまで述べたことは次のように要約される。つまり一八～一九世紀の近代産業都市とともに現れた「人新世」は、「二次的自然」が支配的になった時代であり、その始まりから自然環境／社会／精神の三領域（ガタリのいう「三つのエコロジー」）に病理を抱えていた。そして「二次的自然」の病理である感染症も、それらの三領域の横断的現象として最初から組み込まれていたのである。その状況が二世紀ほどかけて現在の地球的危機にまで拡大したのであれば、新型コロナウィルスのパンデミックも、「人新世」（に内在する近代都市のもたらす諸病理）のグローバルな展開のうちに捉えられる問題なのである。

そうであれば、すでにマスメディアや学術界では「ポスト・コロナ」の思想や世界について盛んに議論されているが、そのような思想や世界が近代の思考と社会の枠組みのなかで構想されることにどれほど意味があるのだろうか？　というのも「人新世（近代世界）」に内在する問題を「人新世」をつくりだした思考の枠組み（近代科学・近代思想）で解決するなど対症療法でしかないと思われるからだ。現在の地球環境危機の深刻な状況を前にすれば、むしろ必要なのは「人新世」を相対化し、そこから脱却することであろう。そのためには、近代の世界を別の世界から眺める必要がある。はたして近代世界とは何だったのだろう？

4　憑依をめぐる考察——近代世界と自然環境

人間（精神、文化）と自然（物質、生物）の中間地帯である「二次的自然」には、先に挙げた動植物などの生物学的領域だけでなく、精神的・文化的領域も含まれる。ここでは近代社会の特徴を理解しなおすために、里山と関連の深い精神・文化現象として「狐憑き」を取り上げてみたい。

冒頭に挙げた琵琶湖の周辺地域でも、近代化とともに消失したとされる狐憑きが、バブル期まで残存していたことが報告されている。それは近代化から取り残された湖東の山村で長く生活を営んでいた老人二名の事例であり、古くからみられた狐憑きのおそらく最後の報告である。[10] 狐憑きは伝統的な村落共同体にみられた憑依現象で、精神医学では「文化依存症候群」の代表例のひとつである。

文化依存症候群とは、伝統社会にみられる精神的逸脱現象で、沖縄の「カミダーリ（神がかり）」や西欧の悪魔憑き、シュテファン・ツヴァイクの小説[11]で知られるようになったインドネシアの「アモック」――善男善女で知られる人物が突如人格が変わり無差別殺人をおこなった後で自殺する――などさまざまな症例が知られている。その特徴は、ある特定の文化でのみ見受けられる症候であり、文化ごとに症状の表現が異なることにくわえ、「ほとんどが心因反応の枠内に収められるという顕著な事実」[12]がみられる――つまり近代の精神疾患のような生物学的な意味での重症化が起こりにくい――こと、そして伝統的な民間治療者の宗教的儀礼が治療文化を担っていた点にある。たとえば狐憑きであれば、狐神（ウカノミタマ＝食物神）を信じる宗教文化があり、稲荷神社への参拝や祈祷により当人から狐が去るとみなされる。西欧のカトリック教会がおこなうエクソシズムも同様である。こうした文化依存症候群は、近代の精神疾患と異なり、個人の人格の歪みや狂気とはみなされず、風邪やインフルエンザなどの感染症と同じように、あくまで一時的に本人に取り憑いているだけで、儀礼によって霊が去れば本人の人格は元に戻り、ふだんと同じ生活に戻り、周囲の人たちにも以前と同じように受容される（社会的に包摂される）という特徴がある。

　このような狐憑きの実在を文化的に共有する共同体は、当然ながら山や森で里山的生活、すなわち「二次的自然」を利用した自給自足的な生活を営んでいる。それは近代以前に支配的だった生活形態であり、先ほどの里山の説明で述べたように、人間が自然の再生可能な範囲内で自然を改変することで、自然の側から人間に利用可能な資源を与えられる（生態系サービス、いわゆる「山の恵み」）ことから成り立っている。さらに当然ながら、狐は里の「人間」の領域ではなく山や森などの「自然」の領域からやってくる霊的存在（カミ）であり、多くは人間に「お告げ」や「警告」――しばしば自然への敬意

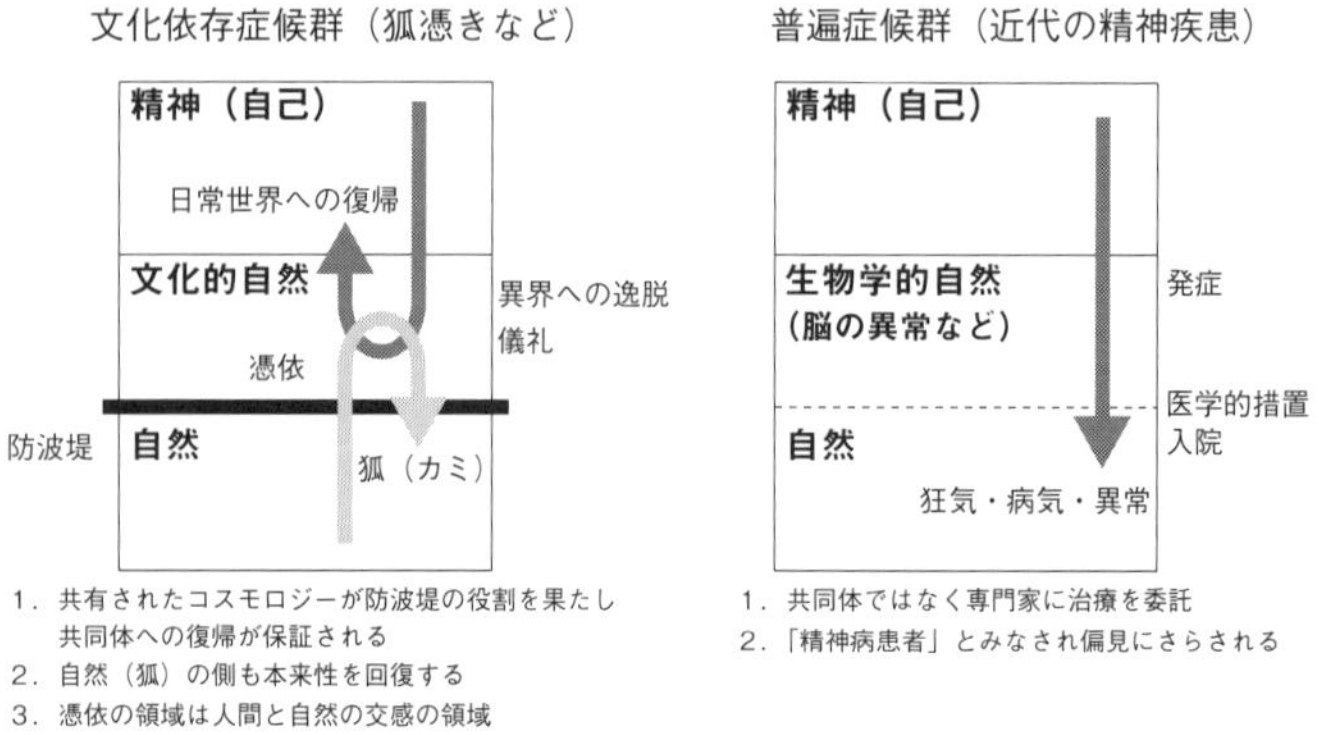

図 1-1　伝統的憑依と近代的精神疾患

の喪失、具体的には自然の再生限界を超えた過剰利用の警告――を発するためにやってくる、いわば人間と自然のあいだの「媒介者」[13]とみなされている。

図1-1の左側は、自然から狐の霊がやってきて人に憑依し、それをお祓いなどの文化的儀礼によって狐を自然に戻し、取り憑かれた人が元に戻る流れを描いたものである。ここで人間と自然の交錯がみられることに注意してほしい。つまり狐憑きとは、精神内の文化的な自然における現象であり、人間と自然の中間領域としての「二次的自然」の領域に生じる出来事なのである。他方で右側は、近代精神医学が想定する精神疾患（中井のいう「普遍症候群」）の図である。すなわち個人の「自己」が脳や神経の異常（精神分析では個人の精神構造の異常）により病気になったとみなされ、「患者」という医学的対象とされ、専門家に委託される。この場合の「二次的自然」は医学的自然あるいは生物学的自然と呼ぶべきであろう。

文化精神医学によれば、文化依存症候群においては共同体での共有された宗教文化やコスモロジーが、それ以上の精神崩壊を食い止めるための防波堤の役割を果たしてきたと考えられている。しかし近代社会になって、そのような伝統文化がなくなると、精神内の防波堤がなくなり、いわゆる狂気に落ち込んでいく。つまり近代の精神疾患は、個人の脳や精神の「病気」として表現され、それは精神病院などの専門施設で扱われる対象となる[14]。

そのように考えると、里山的生活を営む個人の精神、共同体のあり方、里山との関わり方には共通の特徴があることがわかる。つまり、伝統的・文化的なコスモロジーが人間と自然のあいだを結ぶ「二次的自然」として、緩衝帯ないし交流インターフェイスの役割を担い、人間と自然をそれぞれの側で維持する機能を果たしてきたという特徴である。それにより、人間は自然の領域から宗教的知恵、祝祭、山の恵みを得ることができ、また自然も一定の条件で維持・再生を果たしてきたわけである[15]。

しかし近代になってその文化と生活の基盤が失われると、人間と自然の関係が破綻しはじめる。つまり精神疾患、社会的排除、自然環境破壊というのは、人間と自然のあいだの文化的コスモロジーとしての「二次的自然」の機能が失われたことから生じる、同じ原因がもたらした病理なのである。そこで「自然」は狂気と犯罪と荒廃が支配する領域、つまり近代社会の設計時にホッブスがみた物質的メカニズム（自己保存則）が支配する、弱肉強食の野蛮な「自然状態」となる。次の図1-2では、それぞれの領域で左の矢印が伝統的な里山的生活、右の矢印が近代に起こっている事態を示す。

この図の補足をすれば、

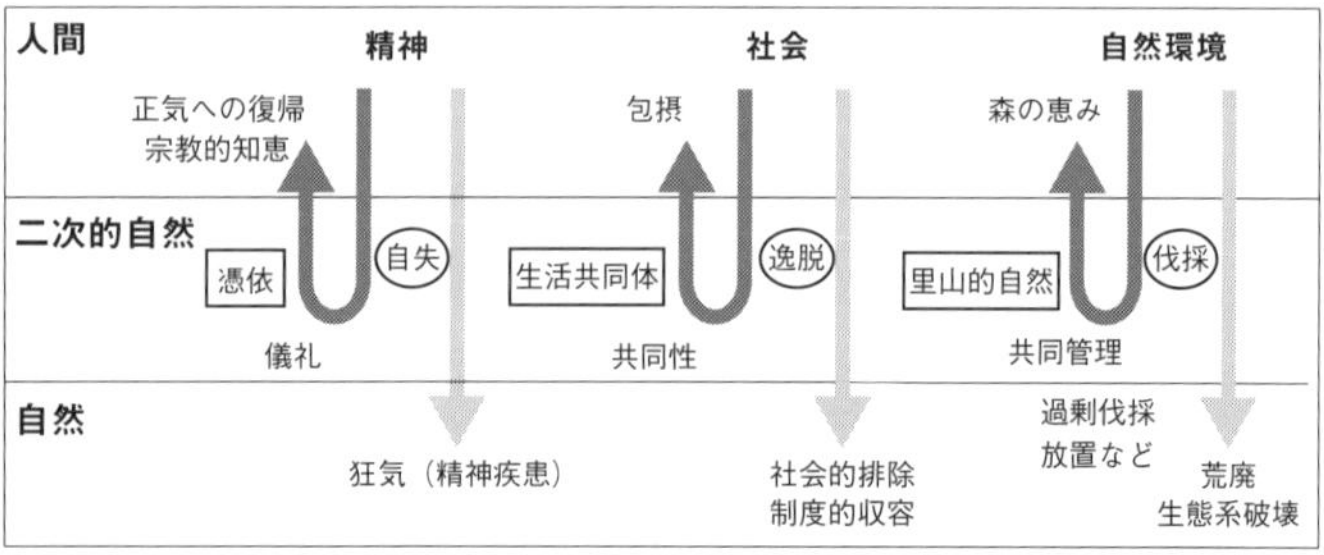

※伝統的生活では二次的自然の循環（宗教的コスモロジーの領域）が精神・社会・自然環境の荒廃を防ぐ機能を果たし、三領域を結んでいたが、近代生活ではその防波堤がなくなり、かつての「自然」の領域が「野蛮」な領域へと変貌する。

図 1-2　精神・社会・自然環境の伝統社会と近代社会の比較
（それぞれ左：伝統社会、右：近代社会）

（ア）精神領域では、宗教的文化が失われることで「狐憑き」ではなく「精神疾患」となり、科学による治療の対象となる（精神病院への収容）。

（イ）社会領域では、こうした逸脱を共同体で包摂する回路が失われ、逸脱者は孤立し、最終的には社会から追放される（監獄への収容）。

（ウ）自然環境領域では、自然の神々への怖れや感謝の念が失われ、たとえば以前には一定の限界を超えないように共同管理されていた森で過剰伐採がおこなわれたり、あるいは森とは無縁の生活が営まれ、森が無用な土地とみなされて放置されて荒廃したり、ゴミの廃棄場となって生態系が破壊される。

　前者の二つの問題については、一九世紀半ばの「人新世」の始まりの時期に、先に挙げたイギリスの社会改革家のチャドウィックが「衛生報告」において、感染症とスラムの悲惨な生活（社会的排除）、およびアルコール依存（精神疾患）とのつながりのうちに捉えたものである。また、二〇世紀にフーコーが描き出した精神医療制度や監獄の成立史も、その二つの領域のつながりに注目したものである。けっきょく近代国家による医療・福祉政策、犯罪政策、公衆衛生を含む都市政策、つまり社会主義的政策は、失われた防波堤を新たに再構築するための試みとしてまとめることができるのかもしれない。しかし三つめの問題（自然環境破壊）とのつながりは、チャドウィックにもフーコーにも、社会主義国家にも、そして現在の学術界の視界にもほとんど入ってこなかったのである。

以上、きわめて雑な図式ではあるが――そしてガタリの読者なら、この図式が「三つのエコロジー」の関係を示していることに気づかれたと思うが――これまで狐憑きを手がかりに、伝統社会と近代社会の比較をつうじて、伝統的生活における「二次的自然」の領域の特徴が明らかにされたと思う。すなわち伝統的生活において「二次的自然」は、精神／社会／自然環境の三界のエコロジーを横断する領域であり、人間と（野生の「一次的」）自然のあいだの緩衝地帯であると同時に媒介者の役割を果たしていること、そして精神／社会／自然環境のそれぞれにおいて修復機能（U型の矢印で示された機能）を果たしてきたこと、いいかえれば「三つのエコロジー」をそろって維持する機能を果たしてきたことである。別の観点からみれば、かつての精神・社会・自然環境において中間地帯としての「二次的自然」の領域は、「人間の自然化」と同時に「自然の人間化」を果たすことで、人間と自然の双方にとって、ある種の変容と修復ないし回復をもたらしてきた。そして「二次的自然」にみられる修復機能と破壊機能（U型とI型の矢印）は、三界で別々に働くわけではなく、同じ機能の三つの現れ方にすぎないだろう。つまり「二次的自然」とその機能は、ミクロ／マクロや精神／物質の次元の違いを超えた（あるいはつなぐ）ものであるに違いない。そのような「二次的自然」は、近代自然科学の対象である物質としての自然ではなく、精神的領域や社会的領域も含み込んだ自然である。そのような自然を、はたしてどのように理解すればよいのだろうか？

5　「カミ」の復活とパンデミック

ここでは先の問いについて論点のみを記して終わりにしたい。じつは、これまで述べてきた「二次的自然」、とりわけ精神的次元も含むときに「二次的自然」という概念を使うことに筆者はずっと強い抵抗を感じていた。というのも、それは自然の精神的側面であり、文化的側面であり、宗教的側面であり、ようするに犬神や狐神など、かつて「カミ」と呼ばれた存在の棲まう領域だからである。しかし現在はその領域を扱うための概念も手段も失われている。近代世界に住む私たちにとって、自然は精神をそなえない物理的・生物的実体であり、人間精神と直接の交流は不可能とみなされている。つまり、その領域は不在、否むしろ「非在」なのである。

しかし「非在」であるのは近代科学・哲学的な認識に立つ場合だけであって、別の認識に立てばその領域は「実在」でありつづけている。たとえば中世神学のドゥンス・スコトゥス的な「実在論」の系譜にある哲学（スピノザ、ライプニッツ、タルド、ドゥルーズ＝ガタリ、セールなど枚挙にいとまがない）は、まさしくその「実在」に依拠する思考である。[16] たとえばスピノザ的な観点に立てば、「二次的自然（たとえば里山）」こそが真の「実体」で、人間と自然、精神と物質はその二側面であり「属性」とみなされるだろうし、その真の実体はスピノザのいう「第三種認識」というある種の直観によって認識されると考えられるだろう。またガタリの「エコゾフィー」が精神／社会／自然環境のエコロジーを結ぶ認識を意味していたことも、同様の観点を示している。

ところで近年の国際的な環境政策も、それまでの物質的自然環境から精神的自然環境へと対象を広げはじめ、これまでいないはずだった「カミ」に対応する必要に迫られつつある。つまりニーチェが指摘して以来ずっと死んでいたはずと思われていた「カミ」は、すでに復活を遂げつつあるのだ。たとえば二〇一七年にニュージーランド政府は、マオリ族が「カミ」として崇拝するワンガヌイ川に法的人格権を認め、これまでの乱開発を謝罪した。それは現在の国連の環境政策で「現地の伝統的信仰や伝統文化を積極的に環境政策に取り入れる」ことが環境問題の解決に有利であることが認識され、推奨されはじめたからである。また近年のインド最高裁も、環境破壊と公害によって汚染が深刻化しているガンジス川やヒマラヤ山脈の氷河や森林に、同じ理由で人格権を認める判決を下している。[17] そうした動向は近代国家の小手先の生き残り策であるとも言えるし、文化人類学が政策科学に取り込まれていることも含めて懸念も多いのだが、論理的にみて近代国家の基盤が近代国家自身によって掘り崩されているのは確かである。これ以上は立ち入って論じる余裕もないので、あくまで報告にとどめる。

最後に、COVID-19に話を戻そう。パンデミック発生直後から、COVID-19と先の述べた自然環境破壊との関係が意識されるようになり、ヨーロッパの知識人や社会運動家のあいだに今回のパンデミックを、エコロジカルな社会体制へ移行するための「ウェイクアップ・コール」と呼ぶ声が広がっている。[18]そして「ポスト・コロナ」の政治・経済・社会・科学をめぐる動きが急速に進んでおり、真偽は定かでないがＳＤＧｓ推進運動にも追い風が吹いているようである。今回のパンデミックへの各国政府の混乱もあいまって、これからあらゆる領域でしばらく喧噪状態が続くように思われる。

しかし本論で述べたのは、新興感染症が「二次的自然」の問題であり、「二次的自然」が自然科学的な意味での「自然」にとどまらず、精神的・社会的次元も含み込む「自然」の領域であり、それが精神／社会／自然環境を横断する実在的領域、すなわちかつて「カミ」のいた領域であるということだった。そうであればCOVID-19が引き起こした経済的・政治的・社会的混乱が、たんにウィルス学や公衆衛生学の領域で扱われる混乱にとどまらず、また国連的な自然環境保護の問題にとどまらないことは明白である。それは精神的・社会的・環境的な領域のエコロジーの問題であり、それらを結ぶ「実体」――「二次的自然」でもあり「カミ」でもある何か――の問題なのである。そしてパンデミックを克服して「ポスト・コロナ」の世界を構想するというなら、そのような「実体」の認識にもとづいて構想されなければ、おそらく今後も同じことを繰り返すだけだろう。

実際、COVID-19という一〇〇ナノメートルに満たない「物質」を「出来事」としてみると、それは心理的・社会的・経済的・政治的・環境的――ようするに「非物質的」――な実体でもある。そして、専門家でない多くの人々にとってCOVID-19は物質として観察することができない、たんなる観念であり、その観念に人々が右往左往する現状は、まさに集団ヒステリーと呼ばれるにふさわしい。その様子は、あたかも何らかの悪魔的観念が人々に憑依しているようにみえるし、実際にそれは物質として憑依（つまり感染）しているのである。かつて「里山」という「二次的自然＝カミの領域」から狐がやってきて人々に憑依したのと同じく、新興感染症のウィルスも工業化された家畜小屋や乱開発された森林などの「二次的自然」の領域からやってきて、人々の身体ばかりか精神と社会にも取り憑いているのだから[19]。そして、それはずっと続いてきたし、祓うための手段はさしあたり見当たらないのだ。

6　おわりに――ふたたびB子（仮名）との対話

私「ということを書いてたら、途中で予定の文字数を超えてしまいましてね」

B子「文字数のせいじゃないでしょ。それより私のこと「二次的自然」ってどういうつもり？なんだか偽物みたいじゃないの」

私「ごめんなさい、ほかにいい言葉がなくて」

B子「おかしいのはヒマラヤとか南極とか、人の手が入っていない場所を「一次的自然」って呼んでること。あいつらただの田舎者じゃないの、僻地にいるってだけでしょ。そもそもあなた、私のことを誰だと思ってんの」

私「どういうことです？　あなた琵琶湖でしょ、湖でしょ？」

B子「それがまちがってるの。私はたんにサイズが大きい川なの、だって海まで流れてるんだから。法律上も「一級河川琵琶湖」って呼ばれてるのを知らない？」

私「じゃあ川だったんですね、琵琶湖・淀川水系と言いなおします」

B子「それも正しくない。だって私の足のほうは海につながってるし、頭の先は鈴鹿山脈や比良山脈の源流や地下にもつながってる」

私「じゃあ水脈っていうか、むしろ水神って言うべきですかね」

B子「ふふ、風神でも雷神でもあるかな。だって源流をもっとさかのぼると雨や雲、つまり大気や天まで私なんだから。人間が水力発電を発明するずっと前から、水で電気をつくってた。雲から雷を落としたりして」

私「それ、もう湖じゃないですよ。いったい誰なんですか、あなた？　冒頭の独白は嘘だったんですか？」

B子「嘘じゃないけど、あなたの希望にあわせてサービスしただけ。だいたい、最初に女性の姿で登場したことも、あなたたちの期待に応えただけなんだから。「マザーレイク」なんて呼ばれてるわけだし。ほんとうは固有名もないし、性別だってあるわけないでしょう。人間の側が勝手にそう見ているだけ。というか、人間も私の一部にすぎない。あなたの身体も私からできてるし、精神もそう。」

私「ああ厄介なことを言いだした。しょうがない、今回は切り上げます」

第二章

都市からの逃走
――五輪とグローバルシティ

1　オリンピックから遠く離れて

二〇一三年九月七日〔日本時間〕、ブエノスアイレスで開催された第一二五次国際オリンピック委員会総会で、二〇二〇年の開催予定地として東京が選ばれた。それまで「フクシマ原発事故とその後の放射能汚染の状況を考えれば、東京が選ばれることはないだろう」とそれほど熱心に報道してきたわけではなかったマスコミも、東京が開催予定地として選ばれたとたん、手のひらをかえしたように「五輪ブーム」を煽るかのような報道姿勢へと変わった。そして以前は少ない割合ながらもメディアの片隅で拾われていた「被災地の現状と被災者の境遇を改善するためではなく、東京でお祭りさわぎするために莫大な資金を使うのはおかしい」という声は、もはや全国紙でもテレビでも聞かれなくなった。一見すると、日本国民は挙国一致体制でいわゆる「アベノミクス」によるマネーゲームと、もはや首都圏を中心としたオリンピック開発バブルに浮かれ、もはやフクシマ原発事故を忘れてしまっているかのように見える。そして実際、ある程度まではそのとおりであろうと思われる。

しかし、デベロッパや資材業者など一部の業界関係者を除けば、被災地の誰が東京オリンピックを歓迎しているというのか？　そんなことに使う金があるなら、まず被災者の補償に回せと思うのが通常の感覚だろう。今回の五輪招致委員会は、当初から五輪を「スポーツの祭典」として扱っておらず、あからさまに「金のなる木」とみなしてきた。たとえば二〇一二年八月にウェブ上で公開された東京オリンピック招致委員会のメッセージは、冒頭からこんな調子だ――「オリンピック・パラリンピックは夢をくれる。そして力をくれる。経済に力をくれる。仕事をつくる。それが未来をつくる」[1]。そして最後はこう締めくくられている――「私たちは具体的に東日本に経済効果が及ぶようなオリンピック・パラリンピックにしたいと切望しています」。ようするに招致委員会のメッセージは、スポーツ競技としてのオリンピックの意義には一切触れることなく、最初から最後まで「オリンピックは金になる」という主張だけで彩られていたのだ。

その後、この広告はあまりの不評さのためにウェブサイトからは削除されたが、だからといって招致委員会が態度や考え方をあらためたわけでないことは、安倍政権と一体化して「経済効果」「震災からの復興」を大々的に掲げたその後の経緯が示すとおりである。そして今回のオリンピックの計画では開催競技場がほぼ首都圏ばかりに集中している事実だけをとっても、招致委員会その支持者たちが被災者側の視点に立って「復興」を謳っているのではなく、あくまで自分たちの利益のために東北を襲った大震災とフクシマ原発事故を利用しているにすぎないことは、はっきりと示されているように思われる。元・浪江町民で避難中のAさんは、九月中旬に筆者も参加した京都府宮津市の村おこしの集会[2]で、今回のオリンピック騒動についてこう語っていた。

「ほんとうに東京が選ばれるとは思ってもみなかった。だって、まだ原発事故と放射能漏れは続いているし、除染はまったく進んでいないし、避難先から帰れない人もたくさんいるし、なにより慣れない避難生活で衰弱して死んだ老人もたくさんいるし、ようするに「震災」はまだ続いているんだから、「復興」なんて言える状態じゃないんですよ。しかも外国人記者の質問に政府関係者は「フクシマから二〇〇キロ以上離れているから安全だ」って言ったそうだけど、それって福島県内は危険だって認めているわけじゃないですか。それなのに、東京の人たちは、フクシマにいる俺たちをエサに使っておきながら、けっきょく自分たちだけ五輪バブルでお祭り騒ぎして、俺たちには（福島は）「安全だ」「事故の影響はない」とろくに補償もせずに厄介者扱いするわけでしょう、やるせないですよ」

フクシマ原発事故で被災した当事者たちだけでなく、首都圏から離れた地域にいる地方在住者にとっても、東京オリンピックをめぐるマスコミの報道はきわめて白々しいもので、まるで外国の人々のお祭り騒ぎをみせられているような印象を受けた人も少なくない。先ほど述べた集会に出席していた、過疎の村でコメづくりのボランティア活動をおこなっている私立大学生のBさんは、こう語っていた。

「オリンピックで復興なんて、昔の高度経済成長の夢をまだ引きずっていて時代遅れだとしか思えないし、どうせ私たちのような地方在住者にはなんの関係もないですから、「なぜ政治家やテレビ局はこんなに騒いでいるんだろう？」と不思議に思っています」

上記の二人、つまり福島県在住の避難者であるAさんと関西の私立大学生であるBさんの感想に共通しているのは、自分たちがマスメディアや政府にとって対象とされていないこと、つまり自分たちが「国民」や「視聴者」というカテゴリーに入れられていないという感覚を抱いていることである。逆にいえば、政府やマスメディアが前提としている「国民」や「視聴者」が首都圏の都市生活者に限られていて、地方の農村生活者や被災者のことがまったく考慮されていないことに対して、彼らがある種の疎外感を抱いていることを意味している。このような地方在住者の疎外感は、おそらく高度経済成長以前からも存在していただろうし、バブル経済の時期にも広くみられたと思われる。また田舎暮らしに幻滅し、東京の華やかな生活に憧れて上京するような若者は、いまも昔も変わらず、一定の割合でいることだろう。それでも、筆者の印象では、首都圏のマスメディアや政治家が、地方に対して現在ほどあからさまに無関心になったことは、これまでになかったように思われる。逆に、大阪や福岡、京都などの中核都市の人々が、現在ほど自分たちの地域を「田舎」とみなすことも、これまでなかったように思われる。

　前置きが長くなったが、ここで筆者が言いたいのは、（とりわけバブル経済崩壊後に）東京への一極集中が加速するにつれて、東京圏は一種の自己意識を獲得しつつあり、しかもそれは並存する他地域に対してまったく関心をもたない自閉的かつ自足的な、つまりきわめて歪んだ自己意識である、ということだ。この試論では、このような自己意識こそが東京が従来の「巨大都市（メガロポリス）」から新たな都市形態としての「グローバルシティ」へと変貌しつつあることの重要な一側面であるとともに、その裏面である地方の将来を考えるにあたって重要な手がかりであることを示してみたい。

2　東京への一極集中

　東京への一極集中はなにも今になって始まったことではない。しかし、先に述べたように、現在の一極集中は新たな局面にある。このことを理解するために、ここでは、東京圏（埼玉県、千葉県、東京都、神奈川県）の動向について、手近に入手可能な統計データを使って説明したい。

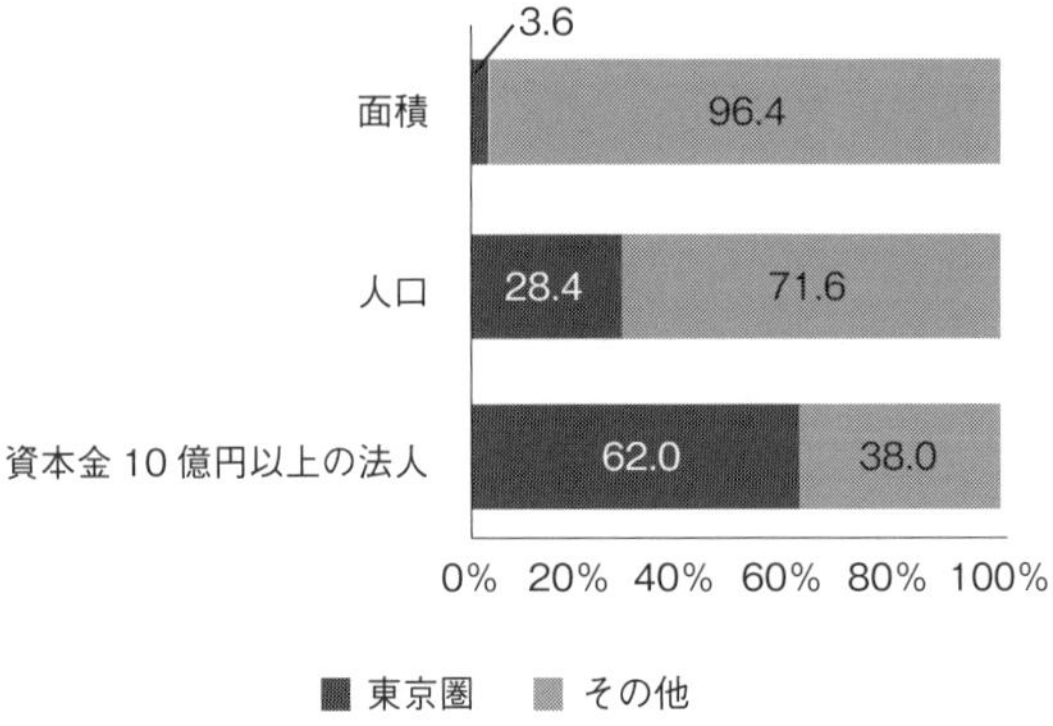

図 2-1　東京一極集中の現状（2015 年）

ヒト、モノ、カネの集中

東京圏は、国土面積の三・六パーセントにすぎない地域であるが、そこに日本人口全体の約四分の一（二八・四パーセント）と、さらに資本金一〇億円以上の大企業の約三分の二（六二パーセント）が集中している。つまり国内のヒト、モノ、カネがごく狭い面積に集中していることがわかる。[3]

バブル崩壊後の人口集中

それより興味深いのは、東京圏への人口移動の状況である。そもそも戦後の一九五〇年代から農村から都市への人口移動の流れ（とりわけ地方から三大都市圏への移動）はずっと続いているのだが、東京への顕著な流入超過が始まったのは一九八〇年頃からである。次のグラフに示すように、この流れは一九八七年でピークに達し、バブル経済の崩壊とともに一時的に終焉を迎える。

しかし一九九四年以後、いわゆるジェントリフィケーション（都市再開発）と都心回帰の志向の高まりによって、

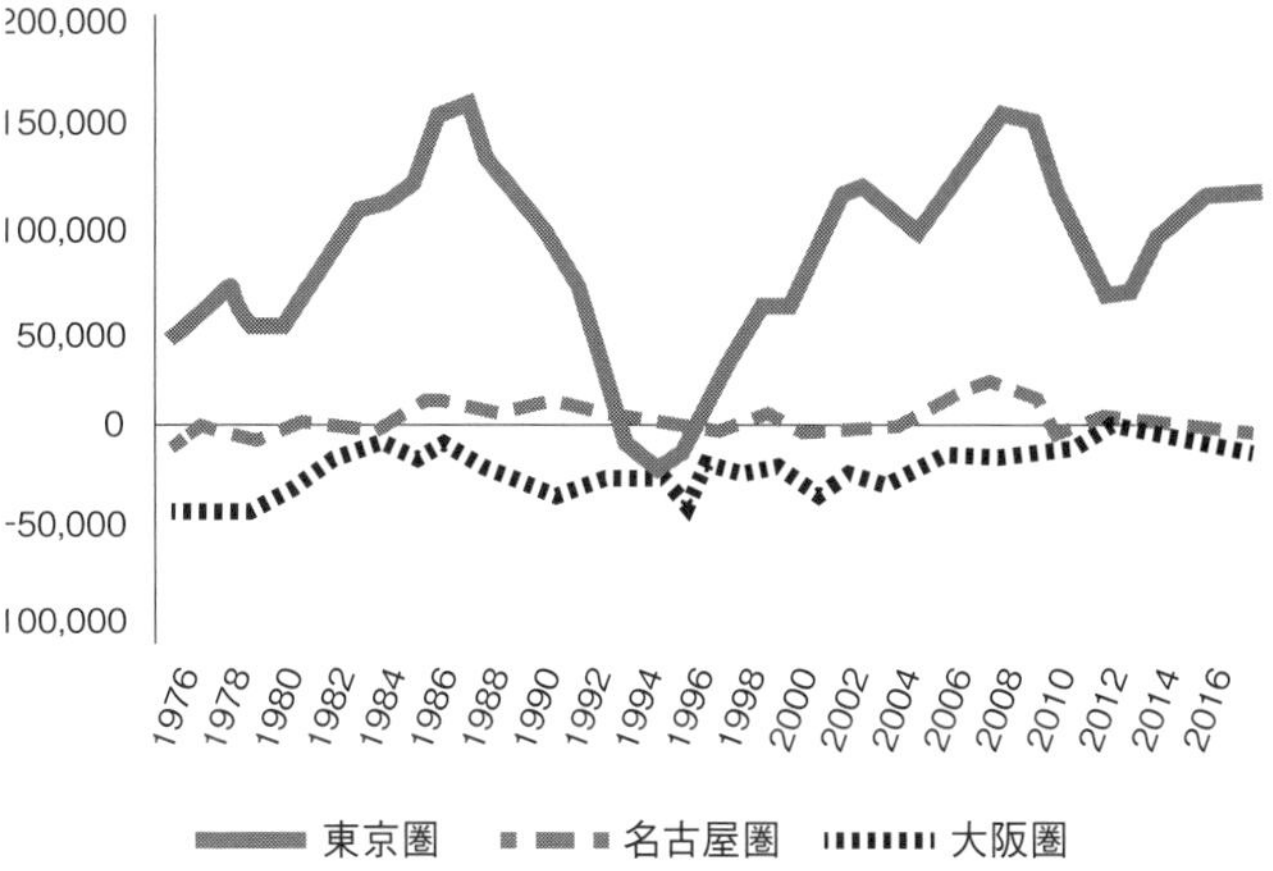

図 2-2　三大都市圏の転入超過数の推移

ふたたび東京への人口流入が加速し、二〇〇二年にはバブル時に匹敵する第二のピークを記録した後、リーマン・ショックの二〇〇九年以後になって多少ペースを落としたものの、人口流入は今も続いている。二〇一〇年の国勢調査の結果では、それまでの過去一〇年のあいだに東京圏の人口が二二〇万人ほど増加しているのに対して、残りの全国道府県では一〇七万人も減少している（図2－2）[4]。

二つの時期の違い――吸い取られる周辺部

さて戦後からバブル経済崩壊までの東京圏の人口移動を「第一期」とし、バブル経済崩壊から現在にいたるまでの東京圏の人口移動を「第二期」と呼ぶことにしよう。この二つの時期の違いとして、以下のような特徴が挙げられる。

第一期の人口移動は、東京都心からの転出超過と周辺ベッドタウンの転入超過という、いわゆるドーナツ化現象をともなっていた。しかし第二期の人口移動においては、都心への集中と郊外の人口減少という新たな現象が目立つ。実際、東京都心部の人口が他に抜きんじて増えつづけているのに対して、多摩や千葉、埼玉など郊外地域では人口が減少に転じはじめている。かつては一〇代終わりから二〇代にかけて東京で進学・就職し、三〇代で東京から転出して郊外のマイホームを購入する層が一般的だったのが、日本型雇用制度の崩壊や非正規化、晩婚化などの流れにより、もはや三〇代や四〇代になっても東京都心から離れない層が増えていることを示している。

第一生命経済研究所のレポート[5]による興味深い分析によれば、第一期の人口移動は、主として地方で生まれた子どもたちが進学や就職のために故郷を離れて東京に移住した結果であった。しかし、この時期にはまだ故郷に戻っていく人々の割合も高く（Uターン就職、家業を継ぐなど）、それらの人々が地方経済や産業を発展させる役割を担っていた。これに対して第二期では、新たな傾向として、東京圏に生まれた子どもたちの割合が増えている。つまり、いわゆる故郷の「田舎」をもたず、したがって生まれてから死ぬまで、あるいは複数世代にわたって東京圏から出ないで生活する人々の割合が増えているのだ。

都市化と過疎化の新たな局面

以上のことをまとめるなら、かつての東京一極集中は地方から大都市への、いわば「農村から都市へ」という言葉で表現される人口移動であった。ただ、それは一八世紀ヨーロッパにはじまる「近代化」と「産業化」の歴史的プロセスにおいて生じた普遍的現象であり、端的にいえば「都市化」と呼ぶことができるものである。しかし現在の東京一極集中は、周辺都市からの人口移動にも支えられている。つまり、そこで起こっているのは「都市から都市へ」の人口移動であり、それは都市のさらなる都市化、いわば「超都市化」と呼ぶべき現象と結びついている。そして、かつての「都市化」が地方農村の人口減少（および少子高齢化）をもたらしたのと類似したプロセスによって、東京の「超都市化」は、東京以外の都市で人口減少（および少子高齢化）をもたらしつつある。つまり、かつての農村の過疎化をもたらした原因が、いまや都市さえも飲み込んでいる。いまや私たちは、都市化と過疎化の新たな局面を迎えていると言えるだろう。例えるなら、これまで自分のまわりにいるエサ（農村）を捕食していた蛸（東京）が、周囲のエサを食べ尽くしたので、とうとう自分の足（周辺の都市）を食べざるをえなくなったようなものだろうか。いずれにしても、このような事態をどう考えればよいのか、別の側面からもう少し問い直してみたい。

3　グローバルシティと非物質性

都市の自己意識

序文で、東京圏が一種の自己意識を獲得しつつあると述べた。もちろんこの言葉は、東京の地理的空間に生物体としての知性がそなわり、思考活動をおこなうようになった、という意味ではない。そうではなく、冒頭で紹介した二人の人物が、東京圏の人々にとって自分が「他者」として扱われていると感じたことの、あるいは彼らが東京の人々を自分たちとは無縁な「他者」として捉えたことの、いわば裏返しの側面である。というのも、この二人にとって、東京圏の人々（これはあくまで想像上の東京人であり、現実には東京のマスメディアや政治家である）が自分たちを「他者」として扱うとしたら、それは東京圏の人々が自分たちと彼らを区別していること、したがって東京圏の人々が固有の「自己意識」をもっていることを意味するからである。そして問題は、この「自己」にとって「他者」の主体性や固有性がまったく考慮されず、ひいては「他者」そのものの存在も認識されなくなることにある。

　例を挙げて説明しよう。多くの日本人はノルウェー人とスウェーデン人、あるいはモロッコ人とアルジェリア人を具体的に区別することはできず、彼らをすべて「外人」というカテゴリで一緒くたに認識している。そのとき私たちは、「日本人」という「自己意識」によって彼らを「他者」とみなしている。逆に「他者」である彼らの目からは、私たちは彼らの独自性を見ようとせず、したがって閉鎖的な自己意識にとらわれ、他者のあり方に無関心な、ときには自民族中心主義的な人々とさえ映ることだろう。しかし多くの場合、「外人」である彼らと親しくふれあううちに、私たちは彼らの固有性をはっきりと認めるようになり、民族や国籍や人種などのカテゴリーだけで彼らについて判断することが大きな誤りであることを認識するようになり、またそのようなカテゴリーにもとづいた自己意識が幻想であることに気づく。

実際、かつての東京が大阪や京都との対抗関係にあった時代（というより、すくなくとも大阪人や京都人が東京をライバル視することが可能だった時代）、「東京は東北から出てきた田舎者の集まり」と認識する大阪人や京都人は珍しくなかったし、中上健次が描き出したように、東京の下町の「路地」は地方出身者たちが寄り添って生活する場所として、無数の「田舎」を象徴する多様体であった。筆者のおぼろげな記憶によれば、八〇年代はじめまでの東京は、現在のような華やかな消費文化に彩られた特権的な場所ではなく、むしろ無数の「地方色《ローカリティ》」をそなえた、巨大な田舎であった。むしろ大阪人や京都人が「東京人」としてライバル視していたのは、「江戸っ子」と呼ばれる昔ながらの下町に住んでいる東京人であり、それ以外の郊外に移り住んだ東京在住者については「田舎者」という扱いをしていたのを覚えている。そして、先の章で述べた東京一極集中の第二期に起こったのは、地価高騰や都市再開発（ジェントリフィケーション）によって古くからの「江戸っ子」とその生活空間である下町が消え去り、代わって以前は「田舎者」という特徴しか与えられていなかった移住者とその子どもたちが、高度消費社会の主役として新たな「東京人」の意識を獲得していった過程である[6]。そのような彼らは、かつての「江戸っ子」とも地方からの移住者とも異なり、「ローカリティ」をもたないがゆえに、それ以外のすべてのローカルなものを「自分に無関係なもの」として関心をもつことがないような、新たなメンタリティを獲得していったように思われる。そしてこのメンタリティこそは、さまざまな地方の固有性に無関心で、それらの地方が交換可能であるとみなす態度――「フクシマ原発事故で被災した人々は、別の地方の田舎に住めばよい」「東京は福島から二〇〇キロ離れているから安心だ」といった言説を平気で吐く人々の態度——の根底にあるのではないだろうか。

非物質的な都市空間

このように都市を自己意識という観点から考えてみると、それはかつてフランスの精神科医であるジャック・ラカンが幼児の自己意識の獲得過程について述べた議論と重なるものである。つまり乳幼児が、多様な身体感覚が錯綜するカオスの段階から出発して、鏡に映った像と自己を区別できない段階（鏡像段階）を経て、最終的に身体を超越的に統合する「自我（私）」が成立する過程についての議論である。「自我」が成立すると、「身体」は「自我」という唯一の主体によって客体化され、その主体性を奪われていく。別の観点からみれば、それは手や足や胃や腸などの身体と並列的関係にあった脳が、しだいに超越的な器官として、とうとう非身体的な「自己（精神）」を獲得し、身体を支配するようになっていく過程である。

このような超越化のプロセスは都市にも適用できる。かつては大阪や名古屋、札幌といった大都市のひとつとして、それらの大都市とまだ並列的関係にあった東京が大阪や名古屋との都市間競争の段階を経て、具体的な「ローカリティ」とは無縁の超越的な「東京」へと変容すると、それ以外の地方はすべてメディア空間から脇役へと追いやられ、主体性を剥奪される。

このような具体的ローカリティと無縁の「東京」とは、はたしてどのようなものだろうか？　もちろん、それは「地域性」をもたないのだから地理上の「東京都」とも無縁な、したがって非物質的な

「東京」、あるいは「東京性」と呼ぶべきものであろう。つまり、観念やマスメディアの記号的空間に実在性の根拠をもつような「東京」である。しかし、そのような非物質的で非ローカルな「東京」は、ローカルで物質的な空間として姿を表すこともありえるだろう。たとえば「タワマン（タワーマンション）」と呼ばれ、セキュリティと快適さを追求した、世界中の大都市の富裕層に広がっている新たな居住空間は、そのような非ローカルな物質的空間の典型である。このようなマンションは大阪にも福岡にもあるし、そこに居住するのは地域に根を下ろして生きている人々ではなく、グローバル市場を相手にメディアと情報ツールを駆使する業務をおこない、また世界中あるいは国内の大都市をつねに移動しているような人々であろう。そうした空間や人々は、都市に根付いたものであるというより、特定の都市に根付かないことを特徴としている。つまり、そのような空間は農村から離脱した先にある場所としての都市ではなく、都市から離脱した先にある場所であり、いわば都市ならざる都市、非物質的で脱空間化した都市である。

　かつてメトロポリスあるいはメガロポリスと呼ばれた時代の都市と現在のグローバルシティ時代の都市は、この点において区別されると著者は考える。そして、そのような非物質的で脱空間化した都市としての「東京」は、地域性をもたない「東京」である以上、もはや地理上の「東京」とは別の場所にあり、また固有性をもたないものであるように思われる。これ以上の分析は本論の趣旨から外れるので止めておくとしても、ここで指摘したいのは、こうした非物質的・記号的な「東京」であれ、故郷をもたない新たな「東京人」であれ、いずれも最初から「ローカルなもの」から切り離されているので、「ローカルなもの」が自身の本質をなす下部構造であるとはみなさず、むしろ自分がそのような下部構造から自由であると思い込んでいるか、あるいはたとえ下部構造に依存せざるをえないとしても、そのような下部構造はいつでも交換可能だと思い込んでいる、ということだ。

たとえば農業については「国内農業は採算がとれないのだからさっさと農家に廃業してもらい、私たちは海外の安い農産物を買えばよい」というTPP推進論者の主張には、これまで地方の農村が大都市の人口を養いつづけてきたことや、優秀な人材を輩出してきたことや、都市住民に代わって国土や自然環境を維持してきたことへの配慮はまったくみられない。そこにあるのは、東京圏は地方を捨てても存続可能であり、カネを払えば海外からいくらでも食料や労働力を得ることができるのだから、もはや国内の地方農村を支える必要はない、というきわめて自己中心的（大都市中心的）な発想である。つまりこれまで、東京圏を支えてきた「ローカルなもの」はゴミ箱に捨ててしまい、グローバル市場にその代替物を求めればよい、というわけである。これはフクシマ原発事故についても同じことで、「福島県が原発事故でダメになったら他の貧しい県に原発をつくればよい」という発想に裏付けられた言葉は、新聞やマスメディアのいたるところでみられる。

このような主張を毎日のように聞かされる地方都市に在住する筆者は、あたかもジェイムズ・ブリッシュのSF小説[7]のように、もはや東京圏が地理上の日本という場所から離れて、空中に浮遊しはじめているような印象さえ受ける。ブリッシュの小説は、二一世紀の反重力装置と超光速航行の発明によって、ニューヨークのような大都市が地球から離脱し、宇宙空間をさまよう「渡り鳥都市」になるというお話である。ただし現在の私たちの目の前にある東京圏は、物理的な意味での宇宙空間へと離脱するのではなく、貨幣と記号からなるグローバル資本空間に離脱しつつあるのだが。

しかし、このような捉え方はロマンチックにすぎるだろう。現実には、東京圏が地方から離脱し、自律することはありえない。というのも、東京はたえず地方からヒト、モノ、カネを吸い取りつづけなければ存続できないからだ。食料や人材、資本のすべてを海外に求めることは不可能である。実際、フクシマ原発事故が東京圏の地方に対する暴力的搾取をあからさまに示しているように、オリンピック誘致にしても、最近の手抜き除染の事例にしても、搾取し依存させる対象としての地方がなければ、都市を中心とした権力構造が成り立たないことは明らかなのだから。

4　都市の呪縛から抜け出すために

呪縛から抜けはじめた人々

そうであれば、離脱しなければならないのは地方にいる私たちのほうだ。つまり東京圏（ならびに大都市）があいかわらず吸血鬼のようにヒト、モノ、カネの供給先として地方を吸い取りつづけるのであれば、その東京圏の支配から逃れる必要があるのは、やはり地方の側なのだ。そして、そのような動きは原発事故の後、いたるところで見られるようになってきた。

　たとえば、かつては「田舎では（経済的に）生きていけない」から東京圏に出ていったわけだが、原発事故の後は反対に「東京では（生物学的に）生きていけない」という恐怖感に駆られて地方に移住する人々が筆者の周囲でも珍しくなくなっている。とりわけ東北や関東からの母子避難は、関西地方でも九州地方でもありふれた出来事になっている。「カネか命か」のあいだの選択で迷うことなく「カネ」を選ぶ日本政府や財界とは反対に、「命」のほうを選ぶ人々はすくなからず存在するのだ。そして地方での生活は、他人の世話になることや濃密な人間関係のなかで助け合うことさえ覚悟すれば、通勤ラッシュもなく、居住面積も広く、新鮮な農産物や漁獲物が安価に入手できるなど、むしろ快適なことも多いのだ。

　別の例をあげると、ベストセラー『里山資本主義』の著者である藻谷浩介は、ひたすら経済成長をめざす「マネー資本主義」が通用する時代は終わりを迎えつつあり、それに代わって貨幣ではなくコミュニティと地域生活に依拠する「里山資本主義」による新たな社会を構築することの必要性を主張して、広く地方民の支持を得ている。本書でとくに興味深いのは、すでに著者のいう「里山資本主義」は、東北の一部の農村や山間部で実現しており、経済成長と貨幣経済を前提としなくても十分に豊かな生活が可能になっているという指摘である。この著作も原発事故前であれば、これほどの反響と売れ行きは考えられなかっただろう。この著作の主張の是非はともかく、「世の中の先端を走っていると自認してきた都会より、遅れていると信じ込まされてきた田舎の方が、今やむしろ先頭を走っている」[8]という指摘は、筆者にとっては何の違和感もないものである。

さらに付け加えると、多くの地方の若者にとって、もはや東京圏はかつてのような魅力をもたなくなっているし、彼らはマスメディアや産業界が派手なコマーシャルで訴えるような消費生活にも、華美な大都市の生活にもさほど関心が向かなくなっている。そもそも高度経済成長やバブルを知らない彼らにとってはゼロ成長経済が当たり前であり、ただでさえ少子高齢化で労働力が減っていくというのに、かつてのような高度経済成長をふたたび実現するなど、古きよきフォーディズム時代にしがみついている老人の妄想としか聞こえないのである。

おわりに――都市からの逃走？

紙数も尽きてきたので、脱線ばかりの本論もそろそろ締めくくることにしよう。産業革命期の一九世紀半ば、イギリスは世界ではじめて、都市人口が農村人口を上回った。国連人口白書によれば、それから一世紀半後の二〇〇八年、とうとう地球人口に占める都市人口が農村人口を上回ることになった。つまり近代化とは、端的にいって都市化のことであり、産業化のことである。

そのような近代化＝都市化は、その結果として世界規模で農村の疲弊と衰退、共同体と自然環境の破壊を引き起こした。現在の都市生活は膨大なエネルギーと資源を消費し、かりに世界人口のすべてがアメリカ人と同じ水準の生活をするとしたら、地球が四つあっても不足するほどである[9]。しかも、もはや現在の都市はそこに集まってくる人々のすべてを養うことができなくなっている。世界中の多くの都市で失業率が高まり、周辺部にはスラムが広がるようになった。都市が希望に満ちていた時代はとうに終わりを告げている。また産業経済が人々を豊かにした時代も終わりを告げはじめている。

「都市の空気は人間を自由にする」――近代市民社会の源流となった中世ヨーロッパの自由都市のことわざである。近代は、人類が自由と豊かさを求めて農村から都市へと、数世紀にわたる大規模な移住を企てた時代である。しかし、その移住先の都市がもはやユートピアではなくディストピアでしかないのだとしたら、私たちはその都市からも逃れなければならない。そのような時代は、すでに始まっている。

第三章　都市を終わらせる

——資本主義、文化、ミトコンドリア

どれほど長いあいだ眠り込んでいれば気が済むというのだろう。三千年だろうか、それとも三百年だろうか？　都市という夢から、私たちはいまだに目が覚めずにいる。ときおり蚊に刺されたかのように、チクリとした痛みで夢が中断しそうになることはあっても、すぐにまた夢のなかへと戻っていく。昼はとうの昔に過ぎ去り、夕闇が近づいているというのに。

二〇一一年の三月一一日もそうだった。大地震が起こり、福島県の原子力発電所が爆発し、関東一帯に放射能が降り注ぐ状況にあっても、私たちは目を覚まさなかった。二〇一五年夏のギリシャの国民投票の後もそうだった。細胞の一部が目を覚ましてパニックに陥っても、あるいは身体全体に警告を発しても、眠りを妨げさせないように、それら動き出した細胞を麻痺させ、ついには神経系統の情報へのアクセスを遮断する。ようするに、すべては「何も変わらない」というわけだ。

たしかに現在の新自由主義や国粋主義は、悪夢のひとつだ。では、新自由主義や国粋主義を打倒

すれば、悪夢は終わるのだろうかといえば、そうではなく、たんに別の夢に置き換わるだけの話だ。ハーバーマスのいう「未完の近代」の御託宣は、右派であれ左派であれ、新自由主義者であれ古い自由主義者であれ、マルクス主義者であれ社会主義者であれ、大多数の人々が共通にみつづけている夢なのだ。終わらせなければならないのは、新自由主義でもファシズムでもなく、近代市民社会であり、もっと具体的にいえば、近代市民社会と資本主義の具体的実体である「都市」なのだ。現在、世界中の先進諸国の首都で起こっている蜂起は、革命運動でもなければ、暴動でもなく、ましてや市民の正当な権利を主張する抗議運動でもない。それは都市の破壊運動であり、都市からの離脱運動なのだ。

1　都市の基本要素

自給自足経済が可能な農村共同体とは異なり、都市は他の場所でつくられたものを入手しなければ基本的に成り立たない。したがって都市は、貨幣による交換を前提とし、その交換をおこなうための市場、さらに食料供給先としての農村を必要とする。そして、市場における財の交換をおこなう仕事としての商業と、市場に送り込む商品をつくる仕事としての工業がその産業活動の中心となる。つまり商人と職人からなる空間として都市は形成される。農村における物々交換のような社会的経済が消滅した都市生活では、貨幣なしに生きていくことができない以上、都市生活者は賃労働が必須であり、また市場に出荷するための商品生産をおこなわなければならない以上、そこでは競争と分業が不可避的に到来する。このようなことは文明史上のほとんどあらゆる都市に共通した特徴である。

しかし、近代社会と資本主義の起源になった中世都市においては、新たに「自由」という要素が付け加わる。中世ヨーロッパの「都市は人間を自由にする」という言葉は、都市住民になることによって農村共同体の伝統的な紐帯から離れ、「個人」としての生活を謳歌することを礼賛したことわざである。ようするに（近代）都市は、その成り立ちからして、貨幣、市場、賃労働、分業、自由、個人といった基本要素と切っても切り離せないのである。さらに中世都市を舞台としたおとぎ話「ブレーメンの音楽隊」が文化産業の起源を知らせているように、あるいは現在の大学の起源が中世都市にあるように、都市は「文化（芸術、科学、文学、哲学など）」と切り離すことができないものである。

2　都市と大地

都市の拡大は、農村の衰退と平行する。正確にいえば、都市の力が増し、市場経済が拡大するにつれて、都市は農村を従属させ、さらに安い農産物を求めて、近隣の農村から（いまだ貨幣経済にそれほどのみこまれておらず、したがって安価に農産物を提供してくれる）遠方の農村へと供給先を変える。それによって近隣の農村から都市へと人口移動が起こるか、あるいは農村そのものが都市へと変貌する。それは現在にいたるまで続く都市化の現象であり、もはや世界人口の半分以上が都市人口になった二一世紀初頭になっても止まる気配がない。現在のグローバル化が意味しているのは、具体的にいえば都市化であり、世界中の人口を都市生活者にすること、つまり「自由」という名のもとに市場と貨幣に隷属させることなのである。

また都市の拡大は、貨幣経済圏（つまり市場）の拡大と一致する。アダム・スミスをもちだすまでもなく、貨幣（および、それと交換される商品）の自由な移動を求める自由主義経済は、先に述べた都市生活に不可欠な農産物の入手先の拡大とともに、都市経済の産業的基盤である商業・工業の拡大を目指すものである。また、その拡大は、必然的に複数の都市（および、諸都市から生じた「超都市」である国家）のあいだの競争を激化させるだけでなく、その競争の個別的主体である商工業者、また商工業者に奉仕する労働者のあいだの競争も激化させ、さらに都市に奉仕する農産物製造者たちのあいだの競争も激化させている。

こうしたことを別の観点からみれば、この競争は都市（とその市場）の拡大によって利益を得る一部の者たちのために、（トリクルダウンを信じて）その分け前にあずかろうとして政府、企業、正規労働者、非正規労働者が奉仕することでもある。この構造でもっとも搾取されるのが非正規労働者であるという指摘は正確ではない。さらに搾取されているのは、この惑星の人間以外の存在、つまり「大地」だからだ。ようするに現在のグローバル化がもたらした巨大な自由主義経済圏は、ヒト、モノ、カネをかぎりなく高速かつ遠距離にまで移動させ、そのコストをかぎりなく切り詰める代わりに、莫大なエネルギーと資源、すなわち「大地」を搾取しているのだ。この「大地」にくらべたら、非正規雇用者はわずかながらの労働対価が与えられるだけでも、相当マシな扱いを受けているのかもしれない。そして「大地」は、もはや取り返しがつかないほど疲弊しきっている状態である。

このような現状で、労働者が連帯して革命を起こして国家を乗っ取ったとしても、あるいは社会主義政策を復活させたとしても、なんの解決策になるわけではない。むしろそれは、都市化（とその弊害）を促進するという意味で、新自由主義者や古い自由主義者となんら変わるところがない。つまり現在の都市を中心とした経済・社会・政治体制を前提とするかぎり、問題はなにも片付かないのだ。

それよりも「都市」が極限にまで拡大し、高度化した現在（いわゆるグローバルシティ）において、なにが問題になっているかを考えてみればよい。欧州のギリシア債務危機にせよ、米国のウォール街占拠にせよ、世界中に広がる反グローバリズム運動や反ジェントリフィケーション運動にせよ、日本国内で広がる地方衰退や「まちづくり」、就業拒否や引きこもりにせよ、それぞれが問題にしていることは異なるものの、すべてをまとめてみれば、ようするに先ほど挙げた「都市」（とその基本要素）が途方もなく拡大していることが問題になっているのであり、それと正反対の方向に進むことが暗黙のうちに望まれているのだ。

「暗黙のうちに」と言ったのは、おそらくそれら反対運動の参加者や蜂起者たち自身は、敵として資本主義や国家、多国籍企業を想定しても「都市」を敵として想定していないからである。そして、それこそが現在の運動がいまだ暗礁から逃れられない理由であり、もっとも厄介な理由なのである。「反都市」――ドゥルーズ＝ガタリの言う「反‐オイディプス」の空間的形態――は、いかにすれば可能なのか？

3　自由と都市文化

都市の内部にあり、都市の文化にどっぷり浸かりながら、近代市民社会と資本主義を克服することは不可能である。というのも、先に述べたように、現在の都市は、資本主義と近代市民社会の具体的実体だからである。そのような状況にあっては、いくら資本主義に抵抗したり反抗したりしても、けっきょくは「都市」の拡大に寄与することにしかならず、その栄養として飲み込まれるだけである。したがって、まず必要なことは、都市の文化から逃れることだ。しかし、現在の私たちの思考はそれ自体、そのほとんどが都市の文化的成果にもとづいている。とりわけ哲学は、プラトンとアリストテレスという出発点からして「都市（ポリス）」がどうしようもないほど刻印されている（たとえば形相と質料の二元論）。どうすれば都市的思考から脱却し、「都市」の外部へと思考を向かわせることが可能なのだろうか？

実際には、都市とその文化（哲学や文学、芸術）の歴史を振り返れば、「反‐都市」的思考はいくらでも見つけることができる。プラトン以前のヘラクレイトスやタレスは言うまでもなく、その流れを汲むライプニッツやベルクソン、ドゥルーズ＝ガタリらの「自然哲学」も「反-都市哲学」と言うべき思考である。しかし、そのような「反-都市哲学」も、けっきょくは都市（したがって資本主義と近代市民社会）を愛して止まない文化人によって「都市哲学」化、すなわちリベラル化、あるいはネオリベラル化（リバタリアン化、あるいは「オイディプス化」）されてしまう。ましてや、マルクスのうちに「反-都市」的思考を読み取らずに、世界政府などという地球全体をひとつの「都市」にしてしまうような観念を信じ込むような自称マルクス主義の連中は、地球全体をひとつの「市場」にしようとする新自由主義の連中となんら変わるところがない。ようするに「都市」は、反-都市的な文化さえも「都市化」するのだ。

　どうすればよいのか。まず、都市の外に身を置く時間と空間を一パーセントでも増やすことが考えられる。それは市場、貨幣、個人（の「自由」）、賃労働、消費、都市文化との接点を一パーセントでも絶つことであり、物質的・精神的な「自給率」を一パーセントでも増やすことである。さらに言えば、それは「反-都市」あるいは「非都市」的な時間と空間をわずかながらでも創造することである。たとえばテレビをずっと眺めて批判するよりも、誰もがテレビを一時間だけでもみなくなるほうが、テレビ局の解体を促すのは明白である。しかし、そのような消極的闘争（＝逃走）だけでなく、都市の成立基盤を積極的に解体していなかければならない。そして都市の成立基盤の中心にあるのは、「自由」という名の「反-共同性」である。つまり「都市の空気は人間を自由にする」ということわざの裏を返せば、都市は（それまで存在していた）共同体を破壊することで成り立つのだ。それは現在のジェントリフィケーションにいたるまで、都市発展の歴史が共同体の破壊の歴史であることが示している。それは、貨幣経済（資本主義経済）が共同体の相互扶助を解体することで拡大することにも示されている。

4　二一世紀のアントワネット

ベーシック・インカム、コンパクトシティ、世界政府……。そのような擬似左派的装置、あるいは「リベラル」な装置を提唱する連中には、はっきり言ってうんざりだ。そこには、もはや機能不全に陥っている「都市」をあくまで維持しようとする執拗な意思しか感じられない。そんなもので資本主義社会の矛盾が解消できるわけがないどころか、ますます矛盾が激しくなるだけに決まっている。

先に挙げた「コンパクトシティ」を例に取ろう。この概念は現在の過疎化する地方の自治体で大流行しており、地方都市の駅前中心部のジェントリフィケーション（行政用語では「中央市街地再活性化」と呼ばれる）、中心部への都市機能の集中、郊外と農村部の行政サービス縮小、といったものをセットにした都市計画がおこなわれている。ようするに東京への一極集中によってヒト・モノ・カネのあらゆる資源を吸い取られた地方自治体が、あたかも空腹のタコが自分の足を食うように、中心市街地を「ミニ東京」化しようというわけだ。その結果、何が起こるかは明らかだ。つまり中心市街地以外の区域では、行政サービスが切り捨てられることにより、さらなる人口減少とコミュニティ崩壊をともないながらスラム化あるいは廃墟化が進行することになる。

　こうしたプロセスは、あたかも農村や郊外から都市が自立する動きのように見える。しかし実際には「自立」ではなく「支配」なのだ。資本主義市場が巨大化すればするほど、都市は近隣の農村を切り捨て、首都は地方を切り捨てて、必要な手段を巨大市場から手に入れられることができるようになる。つまり、都市は特定の農村に依存することをやめ、地球全体の農村を支配し、完全に自分の都合だけでコントロールできるようになったわけだ。現在のグローバルシティの富裕な住民たちは、都市の勝利に酔いしれ、そこになんら矛盾を見出さないだろう。そして郊外のスラムの住人、地方の見捨てられた町や村の住民の話を聞いても、ネットで話題のスイーツをほおばりながら、フランス革命で処刑される前のマリー・アントワネットと同じようにこう言うだろう――「そんな不便な環境で苦労しているなら、都心のタワーマンションに住めばいいのに[1]」。

5　ミトコンドリアと超人

　このように述べるからといって、私は近代市民社会と資本主義を捨てて中世社会に戻れと言いたいのではない。そのような中途半端な逆行にはなんの意味もなく、そこにはニーチェの「反-時代的」という概念もまったく当てはまらない。そうではなく、むしろ中世以前に、否、できることなら、たとえばミトコンドリアにまで戻れと言いたいのだ。もちろん私は狂人ではない（と思う）ので、物理的な意味で一人の人間が一個のミトコンドリアになれるわけがないことは、はっきりと承知している。同様に、人類が物理的に石器時代の生活に戻ることを提唱したいわけではない。ここではドゥルーズ＝ガタリ的な「生成変化」の意味でそう言っている。つまり、私たちの生の力能を「都市」から奪い返し、なんらかの仕方で「大地（や海）」に結びなおすことを主張しているのだ。それは先に述べたことと結びつけるなら、私たちの共同性の回復が、根底的には「大地」との関係性の回復であることを意味している。

「生の力能」という言葉は、物質としての身体を動かす霊魂や精神的エネルギーのような観念的実在として受け入れられてはならない。あるいは、身体に内在する非身体的動因とみなされてはならない。また「生」も、アガンベンの「ビオス／ゾーエー」の区分のように、人間と動物で区別されるべきではない。生とは端的にいって「生体」そのものであり、そこには精神的／非精神的（あるいは物質的／非物質的）という区別も、人間的／非人間的（あるいは動物的／非動物的）という区別も、紛れ込むべきではないのだ。

実際に生体をみれば、生体がそのような二元論的区別にもとづいて成り立っているわけではないことは、幼児でもわかる。そして物質と生命、物質と精神というように私たちが区分しているモノのあいだには、無限の連続性と共存しかないことがわかる。たとえば真核細胞の起源であるミトコンドリアは、バクテリアの子孫でありながら、複数のバクテリアが共存する閉じたシステムとして二〇億年ほど前に誕生した。そして酸素をつうじて莫大なエネルギーを取り出すことで、現在の植物や動物へといたる道を開くことになった。それはタルドの言い方を借りれば、すでに「社会」である。そうである以上、そこには倫理も力能もそなわっているのだ。

現在の私たちは、まさにこのような生体（とその倫理、その力能）から出発しなければならない。近代社会の制度的前提であるホッブスやルソーの「自然状態」は、またそれに由来するさまざまな概念装置（自己保存、功利的人間、社会契約など）は、いい加減に捨て去られなければならない。そのような古い「自然状態」がデカルトの「運動量保存則」に由来するものであり、また精神／物質の近代科学的二元論に由来するものであり、人間中心主義にもとづくものであり、現代の都市世界の概念的基盤である以上、私たちが終焉を迎えつつある都市世界を脱しようとするのであれば、それが捨てられなければならないのは明白である。だからこそ、私たちが歴史的な意味でやりなおすのであれば、中世に戻るだけでは足りず、都市以前の世界に、人間以前の世界に立ち戻らなければならないのだ。しかも、それは都市的な知性――すなわち哲学や科学、文学など都市を前提とした知性――ではなく、都市以前の知性、人間以前の知性によってなされなければならない。とはいえ、いま述べた「都市以前」「人間以前」という言葉は正確ではない。なぜなら「歴史」そのものが都市の産物であり、生体には「以前」も「以後」もないからだ。曖昧になることを承知で言い直すなら、「非都市的」「非人間的」と言い直すべきだろう。あるいはニーチェならこう言い直すかもしれない――「超人的」と。

いずれにせよ、私たちの思考を「都市」と「都市文化」から引き離し、ふたたび「大地」へ「思考」

を戻すこと、そのような思考から出発することが「都市」の解体の第一歩なのであり、資本主義と近代社会に終わりを告げるための第一歩なのである。はたして、（その解体の動きが思考内で生まれたとして）それはどのような具体的空間から始まるのだろうか？　都市の最新形態である抽象的なグローバルシティのど真ん中からだろうか？　過疎や貧困に苦しみ「都市」に抑圧されつづけている農村やスラムからだろうか？　あるいは、かつて急拡大し、いまや都市から見捨てられはじめた、都市と農村の中間地帯である「郊外」からだろうか？　それとも、それらとは別の新たな集住形態がすでにどこかで生まれているのだろうか？

第二部

ポピュリズムの政治、社会、精神

第二部「ポピュリズムの政治、社会、精神」は、二一世紀に入って日本のみならず世界中に急速に広がったポピュリズム政治と新自由主義政策について、その社会的・心理的条件を扱った三つの論考からなる。いずれも東日本大震災後の二〇一二年から二〇一五年にかけて書かれたもので、そのうち二つの論考は、当時の大阪で躍進を遂げ、現在も関西を中心に根を下ろしつつある「維新の会」（組織的には地域政党の「大阪維新の会」と国政政党の「日本維新の会」などが並立しているが、ここではまとめて「維新の会」と呼ぶ）、とりわけその中心人物であった橋下徹氏をめぐるメディアと市民の熱狂（いわゆる「橋下現象」）について、とくにポピュリズム政党を支持する市民社会の心理に焦点を当て、その社会的条件を分析したものである。どちらの論考も、筆者が当時関わった市民運動と研究者集団（「橋下現象研究会」）での活動経験やフィールドワークにもとづいている。もう一つの論考は、当時から現在にいたるまで「維新の会」や「都民ファーストの会」などのいわゆる「ポピュリズム政党」を支える基本的な政策方針であり、また官公庁や学術界にも広まっている「新しい公共経営（ＮＰＭ）」について、主に社会思想の観点から考察したものである。これには筆者が居住する地域の住民運動の経験が色濃く反映されている。

　ちなみに執筆当時「ポピュリズム」という言葉はまだ現在ほど広まっておらず、研究者のあいだでも括弧付きで使われる程度（というのも言葉の意味があまりに幅広く多様で、定義できないため）であり、執筆時の論考でもこの言葉をあまり使っていない。しかし、その数年後の二〇一七年にアメリカでトランプ政権が誕生してから、日本でも「知識人やエリート層、既存体制を攻撃して一般大衆の支持を得る政治」という意味の言葉として定着した感がある。したがって、本書でも第二部の論考については、世界的に広まるポピュリズム政治の事例分析のひとつとして提示したほうが読者にもわかりやすいだろうと思われたため、収録にあたってタイトルも含めて文章に多少の修正を加えることにした。

第四章「ポピュリズムの深層分析――「橋下現象」をめぐって」は、二〇〇八年に大阪府知事選挙で橋下氏が選ばれ、二〇一一年の「大阪ダブル選挙（府知事・市長の同時選挙）」で維新の会が勝利した後、二〇一四年の市長選を控えた状況のなかで、橋下氏を熱狂的に支持する市民の心理とその熱狂が生じた社会的背景を探ることを目的として、現在は廃刊になった政治思想の月刊誌が別冊として市民向けに発行したリーフレットのために二〇一三年に書かれたものである。当時はまだユーチューブやツイッターなどのネットメディアを利用した政治が定着していなかったため、メディアについての見通しは甘かった点はあるが、それ以外の点では現在も状況はあまり変わっていないと思われる。なお、発行媒体の性質として一般市民向けの読みやすい文体が求められたことから、この章だけ「です・ます」調の文体がもちいられていることをご容赦いただきたい。

第五章「「橋下現象」の心理＝政治学――ポピュリズム時代の記号的政治について」は、四章より一年前の二〇一二年に、「大阪ダブル選挙（二〇一一年）」の分析を主題とする論集のひとつとして書かれたものである。時期的には四章より先に書かれたものではあるが、「橋下現象」を一般的な政治動向（ポピュリズム）として位置づけ、より学術的観点から分析をおこなった内容であるため、四章の続きとして読んでいただくほうが読者にも理解しやすいだろうと考えた。これも、当時はまだ政治的領域でマーケティング的手法が現在ほど露骨に使われていなかったため、現在からすると当たり前になったことを指摘している箇所もある。逆にいえば、それは現状の政治状況がここで指摘したとおりに進んでいるということでもあり、その意味で当時としては先駆的な内容だったのではないかと思っている。

第六章「「新しい公共経営」と官僚制——これからの地域市民運動のために」は、政治思想誌の「官僚制特集」に向けて書かれたものである。その主題は、先の章で扱ったポピュリズム的政治状況の背後で着々と進行している、新自由主義的な統治システムへの組み換えとそれが引き起こす諸問題を考察することにある。実際、大阪の「維新の会」も東京の「都民ファーストの会」も同一のコンサルタントが支えており、その思想的基盤は行政機能を企業活動と同一視する、「新しい公共経営」と呼ばれる新自由主義的な行政学にある。筆者としては、この章で扱った題材や論理はともかく、その主題、つまり「新自由主義的統治システムの定着によって、市民社会が否応なしに新自由主義的エートスに飲み込まれていく状況をどう克服するか」という主題それ自体は、まだ時代遅れになっていないことを祈っている。

第四章　ポピュリズムの深層分析
――「橋下現象」をめぐって

1　ポピュリズム政党としての「維新の会」

「橋下さん？　元気があってええやないの。暴言も多いけど、あれくらい思い切ったことを言える人でないと、政治は変わらへんわ」（六二歳、主婦）

「もちろん維新の会を支持しますよ。だって、他にいないじゃないですか。左翼は人権のことばかり言って市政を食い物にしてるし、自民党は道路やダムばかり作って土建屋のほうしか向いてないし。それに民主党は原発事故のあと全然ダメだったじゃないですか」（四三歳、会社員）

筆者が大阪府・大阪市在住の人たちに聞き取りをした数十名のうち、「維新の会」を支持する人たちの典型的な回答を二つ挙げてみました。もちろん「維新の会」や橋下徹を支持しない人もたくさんいて、むしろ積極的に支持する人のほうが少ないのですが、それでも全体に共通しているのは、「これまでの政治ではだめだ」という懸念をほとんどの人が抱いていることです。冒頭の主婦の言葉は、そのような閉塞感のなかで橋下徹の強烈なパーソナリティに期待を抱いていることを十分に伺わせます。

また「維新の会」の支持者にかぎらず、多くの人に共通していたのは、自民党の古い体質への反発にくわえ、「サヨク」や人権運動に対する強い嫌悪感と不信を抱いていることです。一般には「現在の政治的問題は既存の主要政党やエリート層、インテリ層に責任がある」とみなして攻撃し、それによって現状に不満を抱いている大衆の支持を集める政治手法は「ポピュリズム」と呼ばれています。そして与党や左派インテリ層、学者に矛先を向けて攻撃し、それを支持拡大につなげる「維新の会」も、ポピュリズム政党の典型例のひとつとみなされます。

「維新の会」の躍進の背景に、人々のそのような不満があることは明白であるように思われます。というのも、「維新の会」に反対する人たちも、ではどの政党を支持するかということになるとまったく答えが出てこないことが多く、また「維新の会」を支持する人も、他に選択肢がないという消極的理由で支持する人たちも多いからです。これまでの左派／右派のあり方への不信感が、昨今の「橋下現象」——すなわち橋下徹へのマスメディアと市民の注目と熱狂——を招く一因になっていることは、おそらく否定できないのではないでしょうか。冒頭の会社員の言葉は、そのような既存の政党への不信感から「維新の会」を支持している典型例です。

この冒頭の二つの回答者は、もちろん既存の政党や「維新の会」について正確な事実を把握しているわけではなく、漠然とした「イメージ」にもとづいて話しているにすぎません。それは多分にマスコミの報道姿勢が影響しているのかもしれません。それでも、こうした「イメージ」をまったく無根拠なものと切り捨ててしまうことはできません。というのも、誰でも通常は、もともと感覚的に抱いていた印象があったうえで、それにぴったり合う言葉やイメージが与えられたからこそ、その言葉やイメージを強く信じるようになるものだからです。それでは、左派や右派に対する反発と「維新の会」への（消極的か積極的かは問わず）支持は、いったいどのような根拠にもとづいているのでしょうか？

2　なにわっ子気質はどこへ？——大阪と「大阪人」の変容

一般に、橋下徹と「維新の会」が大阪で人気を得るようになったのは、八〇年代以降のバブル経済崩壊とその後の新自由主義政策によって引き起こされた、いわゆる「中間層の没落」が背景にあると言われています。つまり、大阪経済がバブル崩壊後の停滞にくわえて弱肉強食の新自由主義的グローバル化のもとで「負け組」になり、かつて「中流」と呼ばれた階層の人々は生活が苦しくなってきたので、福祉政策に支えられて生きている人たちや景気に左右されずに給与水準が保たれている公務員に憎悪を向けるようになり、新自由主義的な「弱者切り捨て」を容赦なく主張する橋下徹と「維新の会」を支持するようになった、というものです。これは第二次大戦前のドイツでナチスが台頭し、ユダヤ人に憎悪が向けられたドイツ・ファシズムの歴史と重なります。

たしかにそのような側面があることは否定できないのですが、しかし大阪という町の特徴を考えてみると、これはあまりに一般化しすぎた説明で、かんたんに納得できない面があります。歴史的にみても大阪は商都として発達してきた町でもあり、かつての日中・日露戦争時には大阪の歩兵第八連隊を嘲笑する「またも負けたか八連隊」という里謡が流行するほど（第八連隊が実際に弱かったかどうかは諸説ありますが）、大阪人の気質（なにわっ子気質）は「反権威的」「いいかげん」「ふまじめ」「打算的」として知られています。しかも大阪は、かつての吉本新喜劇や「じゃりん子チエ」（はるき悦巳）のような漫画を挙げるまでもなく、関西地方のなかでも貧しい地域が多い反面、助け合いの気質と下町人情を残していることでも知られています。そのような気質で知られる大阪人が、たとえバブル崩壊後に大阪経済が地盤沈下をしたとしても、それだけが理由で新自由主義的な弱肉強食のメンタリティや、橋下徹と「維新の会」を真面目に支持するようなファシズム的メンタリティをもつようになるとは、とうてい思われないのです。かりにメンタリティが変わったとしたら、それは経済状況の停滞とは別の、もっと深い原因があるはずです。

実際、七〇年代の大阪には「じゃりん子チエ」そのままの風景が大阪市内や近郊にまだ残っていました。家族経営のぼろぼろの飲食店。昼間から街角をあてもなくうろつき、賭け将棋などの賭博に昂じるおじさんたち。大幅な値引きやオマケを迫って商店主を困らせるおばさんたち。互いの縄張りをめぐって喧嘩する子どもたち。そうした風景はとくに珍しいものではありませんでした。とりわけ大阪の庶民文化である「お笑い」は日常生活に密着しており、部落問題や移民問題など複雑な住民事情を抱え、ともすれば喧嘩や暴力沙汰が絶えない下町では、「お笑い」は共同体のなかでの衝突や分裂を未然に防ぐ生活技術として、きわめて複雑な語尾変化をともなう大阪独特の婉曲的言い回しとともに、多くの人が自然に身につけていたものでした。

しかし、その頃からすでに大阪市内の下町の風景は、西宮や芦屋のような高級住宅街の広がる西側近郊や、千里ニュータウンや北摂地域などの北部近郊とくらべると、かなり異質なものになっていた記憶があります。当時は大阪の繁華街といえばミナミ（南海電鉄なんば駅を中心とする南部地域）を指していて、当時のキタ（阪急電鉄梅田駅を中心とする北部地域）はそれほど大規模な商業地域ではなく、北部・西部の郊外地域から大阪への交通上の「入口」という雰囲気を残していましたが、それでもキタとミナミの違いは一目瞭然でした。郊外の比較的高級な住宅街から阪急電車で直通する梅田駅近辺のモダンで瀟洒な雰囲気のキタと、難波駅を中心とする雑多で活気のある伝統的な大阪の風景を残すミナミは、まさに大阪近郊に住む転勤族サラリーマン家庭の気質と、大阪の伝統的な下町気質の違いを、そのまま示していたからです。

八〇年代から九〇年代にかけてバブル経済の全盛期になると、キタとミナミの両方がおおいに賑わいました。とくに変化があったのはキタで、大阪駅・阪急梅田駅周辺の再開発が進み、商業地域として巨大化していきました。八〇年代の大阪駅地下街では、阪神電鉄と阪急電鉄のそれぞれのカラーが色濃く反映されていました。モダンな阪急三番街と阪急百貨店のきらびやかな地下街の通路（いわゆる阪急ムラ）を抜けて、阪神梅田駅と阪神百貨店のある地下街（いわゆる阪神ムラ）に向かうと庶民的な雰囲気に変わり、お好み焼きやうどんを売る屋台のような粗末な店がたくさん並んで、まるでヨーロッパから東南アジアに移動したかのように、別世界が広がっていました。しかしバブル期を経たあたりから、再開発の進展とともに庶民的な店が消えていき、しだいに「阪急ムラ」と「阪神ムラ」の区別がなくなっていきました。ミナミのほうも南海サウスタワーホテルなどの派手な施設が増え、再開発が進みましたが、それと同時にキタとの違いも失われていき、九〇年代の後半になると、もはやミナミが流行から取り残されていったことが明白になってきました。それにくわえてバブル期あたりに進んだ地方からの人口流入の受け皿として、郊外の宅地開発が広がり、北は滋賀県の草津あたり、西は姫路、東は奈良の奥地まで通勤圏が拡大すると、キタの繁華街はそれらの人々の一大消費地としてさらなる発展を遂げるようになります。

　また大阪商人の拠点であった本町《ほんまち》周辺も、かつては小規模な大阪企業のコミュニティとして、自主独立の気風が強い商人たちが、業務なのか遊びなのか区別できないような雰囲気のなかで駆け引きをする、大阪独特のビジネスが展開されていました。それは義理や人情を含んだ、商人たちの人間関係に大きく依存した商売の仕方で、商人たちは頭の中ではそろばんを弾きながらも、必要なときには互いに助け合う気風を色濃く残していました。このような人間関係の機微をうまく利用しながらしっかりと利益は取れるだけ取ろうとする大阪商人のスタイルは、東京のきまじめな商社マンを翻弄し、「がめつい」と煙たがられるほどでした。それがバブル期の中頃から「グローバル・スタンダード」のかけ声が広がり、それとともに資本の東京への一極集中が進んでいくと、しだいに大阪の大手企業も本社を東京に移すようになりました。その時期に大阪の郊外住宅地（枚方市）のレンタルビデオ店のツタヤ（カルチュア・コンビニエンス・クラブ）が全国展開して急成長を遂げたのは、古い大阪商人にとって関西経済の主役交代を告げる象徴的な出来事でした。こうして大阪商人の昔ながらのスタイルはビジネスシーンで通用しなくなり、大阪の商人コミュニティや商人文化も消えていきます。

　このように例を挙げればきりがないのですが、バブル期を挟んで、大阪の風土も大阪人の気質も、そして大阪を取り巻く状況も大きく変わっていったことは、おそらく多くの年配の大阪人であれば思い当たるのではないかと思われます。バブル期に近郊の住宅地が広がり、労働現場ではホワイトカラー化が進んで「グローバル・スタンダード」なビジネスマナーが当然になり、企業活動では中小企業よりもグローバル資本が勢力を増し、そして市内にも郊外にもよその地域から移住してきた人々が増えてくると、もはや伝統的な大阪の風土もそれを育んでいた伝統的コミュニティも力を失っていきます。つまり「大阪らしさ」が消えていき（あるいは薄まっていき）、その代わりに非大阪的なもの、つまりコミュニティから切り離されたバラバラな都市生活者と都市労働者たちが主流になっていったのです（先ほど述べたツタヤもそのような非大阪的な郊外住宅地から生まれました）。そのような大阪全体の変化のなかで大阪人気質がどのように変化していったのかを理解しなければ、おそらく橋下徹と「維新の会」

が人々の支持を集める状況を理解することはできないように思われます。というのも、前回の市長選と府知事選で橋下徹と「維新の会」に投票した所得層・地域は、櫻田の論文[1]でも示されているとおり大阪でも比較的高い所得層・地域であり、低所得者層・地域は橋下徹と「維新の会」に投票しない傾向にあることが明らかにされているからです。

3　サイレント・マジョリティと新たな政治意識

このように「橋下現象」の背景に、バブル期を挟んだ大阪の伝統的コミュニティと大阪人気質の解体と変容があるとしたら、橋下徹と「維新の会」を支持する人々の心理を理解するには、伝統的コミュニティが崩壊した地域の住民や、再開発や宅地開発によって大阪市内の高所得層の多い地域や郊外に移り住んだ住民の政治意識を理解することが必要になります。

たとえば冒頭で触れた「維新の会」を支持する四三歳の会社員は、大阪の北部郊外に当たる豊中市の団地で生まれ育ちました。ごく普通のサラリーマン家庭で育った彼は、地元にある公立の小・中・高等学校を経て、大阪市内の大学に進み、民間企業に就職した後、結婚して北区のマンションに住んでいます。小学校と中学校は荒れていて、あまり楽しくなかったそうです。また被差別部落の生徒が「暴力的でとても嫌だった」うえ、学校の教師については「サヨクの教師は口先ばかり人権を掲げて、僕たちが部落の生徒たちに暴力を受けても何もしなかった」と不信感をあらわにしていました。

このような「差別的感情」は、筆者が聞き取りした四〇代以上の人たちでは珍しくありません。とりわけ郊外の宅地開発が進んだ高度経済成長からバブル期にかけて大阪市および近郊では、他地域から移り住んだ中・高所得層であるサラリーマン世帯の「新住民」といわゆる被差別部落も含む伝統的地域の「旧住民」が混在し、しばしば感情的対立がありました。そしてコミュニティを維持していた「旧住民」は自治会などをつうじて政界とのつながりをもつのに対して、コミュニティをもたない「新住民」は政界とは無縁のまま、地域コミュニティと政治に対して無関心であるか、あるいは疎外感を抱くのが常でした。地元の「旧住民」の利害を反映しやすい政治構造では、公共事業にせよ地域の商業振興政策にせよ、あるいは人権政策にせよ、「新住民」にとってはまったく恩恵も感じられないどころか、むしろ「自分たちが納めた税金が搾取されている」という感覚を与えるものでした。一般に、大人の世界の構図は子どもたちの世界にも反映されるもので、この会社員の例でもみられるような学校での問題は、大阪の近郊ではどこにでもみられるものでした。このようなサラリーマン世帯を主とした「新住民」は、第二次産業から第三次産業への移行により増えることはあっても減ることはなく、むしろ地元の「旧住民」のほうが産業構造の変化とともに高齢化が進み、コミュニティの維持が難しくなっています。

いずれにせよ、このような新住民が世代を重ねていったことが、いわゆる「サイレント・マジョリティ」と呼ばれる層をなしていたと考えることができるでしょう。このコミュニティをもたないサラリーマン世帯層は、地域政治から切り離されているために、マスメディアやインターネットをつうじてしか政治に触れることがなく、しかも、地域政治に根を張った既存の政治は自分たちに何の恩恵も与えないだけでなく、むしろ自分たちの税金を搾取するばかりだという意識をもっています。古い自民党に象徴されるような「土建政治」、つまりダム建設や道路工事などの公共事業をつうじた伝統的地域の支持層への利益誘導型政治に対しては強く反発し、他方で左派の部落解放運動に象徴されるような人権政策に対しても強く反発するだけでなく、左派の政治的基盤である労働組合に対しても反感をもっています。つまり、彼らはコミュニティをもたないがために、コミュニティに依拠する政治に対して根強い反感をもっていると思われます。というのも、そのような政治は彼らにとって、「既得権益」を守るための政治にしか映らないからです。

　このように地域政治とコミュニティから切り離されたサイレント・マジョリティが政治に関心をもち、参加するようになるとき、それがどのような姿を取るのかは明らかです。

　彼らはマスメディアとインターネットをつうじてしか政治に触れることができないので、必然的にそれはマスメディアとインターネットの情報に大きく左右されます。また具体的な地域の問題に関わることがないので、現実の複雑な利害対立に配慮した中間的政策よりも、理念的で極端な政策を支持する傾向が高いと考えられます。つまり、必然的に「劇場型」の政治家を選びやすいのです。

　また、地域コミュニティから切り離されたバラバラの個人として政治意識をもつわけですから、自分たちに利益をもたらす政治を求めるとしたら、それは地域ではなく個人へと還元される形で、つまり給与の上昇や税金の削減という形がもっとも明快です。他方で学校や福祉などの公共サービスについては、自分の世帯に子どもや要介護の老人がいるかいないかで判断がわかれるでしょう。いずれにせよ、法人税の削減をはじめとする企業優遇政策のほうが、福祉政策の充実や公共サービスの改善などよりも、さしあたり彼らにとっては利益があるとみなされるでしょう。

　さらに、彼らにとっては「既得権益」を打破するような政治がもっとも求められます。つまり、いわゆるダムや道路工事などの地域の土建屋に金が流れるような公共事業や、地域コミュニティの差別問題に関わる人権政策は、彼らにとって「既得権益」を守る政治であり、農協や建設業に配慮する古い自民党や、被差別部落や在日朝鮮人の人権に配慮する左派政党は敵視されます。さらに言えば、おそらく地域に基盤を置く企業コミュニティさえも「既得権益」の持ち主とみなされるでしょう。というのも、昔からの地域の企業コミュニティは、当然ながら政治ともつながりが深く、したがって新興企業や東京や海外資本の企業にとっては、打破すべき権力構造とみなされるからです。

　最後に、彼らが自分たちの利益を代弁してくれる政治家や政党を求めるとき、彼らがコミュニティという中間的集団をすっぽり欠いた個人である以上、それは必然的に全体主義的な政治家や政党を求めることになるでしょう。というのも、彼らは多様な生活を営む他者たちと実際に深く関わることがないので、自分と同質なサラリーマン世帯のほかに配慮すべき他者を想定できないからです。つまり、彼らにとって「私たち」は自分と同質な存在を意味しており、いいかえればきわめて抽象的な「私たち」にならざるをえないのです。そして具体的に自分たち自身が政治に関わることができる領域、つまりコミュニティとの関わりがない以上、彼らが求めるのは、自分たちに代わって既存の政治構造を変えることのできる強力なリーダーシップをもつ（と彼らの目に映る）政治家や政党にならざるをえません。ようするに、彼らは税金を納める代わりに政治の一方的な受益者として、「政策のプロフェッショナル」の政治家や政党に治めてもらうことを求めることになるわけです。

4　「橋下現象」からの脱却の可能性

こうしてみると、じつは先に述べたような政治意識の変化は、すでにずいぶん前から始まっており、橋下徹と「維新の会」が人気を得る条件はすでに整っていたことに気づきます。

すでに一九八三年には、源泉徴収による税金の自動的な天引きによってサラリーマンと自営業者の税制上の不公正が生じていることへの不満を背景にサラリーマン新党が結成され、参院選で二議席を獲得して注目されました。劇場型政治への移行についても、すでに小泉内閣のころから顕著になっています。実際、小泉は「自民党をぶっ壊す」というスローガンを掲げて首相になり、メールマガジンやマスメディアを駆使した政治活動をおこない、公共サービスを削減して企業を優遇する新自由主義的な政策を推し進めましたが、当初その政策は先に述べたコミュニティを欠いた「新住民」であるサラリーマン層に熱狂的に受け入れられました。さらに、自民党の新自由主義路線で生じた経済格差の拡大などの矛盾を背景に、「コンクリートから人へ」というスローガンを掲げて二〇〇九年に政権を奪った民主党は、旧来の自民党を基盤とした「既得権益」である公共事業を小泉政権以上に厳しく攻撃するものでした。さらにその後、民主党政権によって公共事業を削減された地方の不満とフクシマ原発事故の処理をめぐる民主党政権の不手際、なにより新自由主義的な小泉路線の復活を求める産業界の巻き返しにより二〇一二年に誕生した安倍政権は、国民に対しては極端な国家主義的な政策、企業に対しては「アベノミクス」で知られる新自由主義的経済政策、地方に対しては野放図な公共事業の拡大、という異なる路線の政策を巧みに使い分けることにより、現在［二〇一三年当時］のところ高い支持率を得ています。

このように振り返ってみると、橋下徹と「維新の会」が自民党と大きく異なる点は、たんに地方への公共事業を削減するかどうか、という程度でしかないように思われます。つまり、自民党が新自由主義政策路線をとりながらも、他方では地方部で伝統的な地域コミュニティに基盤をおきつづけているのに対して、橋下徹と「維新の会」はそのような地域コミュニティへの配慮をみせないところが自民党とかろうじて区別される点だと思われます。そして、この点こそは元東京都知事の石原慎太郎と橋下徹が結びついた点でもあるでしょう。いってみれば、都市の自民党の部分が、農村の自民党の部分を切り離して独立したのが石原慎太郎と橋下徹であり、「維新の会」だと言えるのではないでしょうか。

そうであれば、橋下徹や「維新の会」のような政治路線は、これからも支持を得て国政に大きな影響力をもちつづけるのでしょうか。筆者としてはその可能性はおおいにあると思っています。むしろ都市化とコミュニティ解体が進む地方中核都市で、似たような政党が増えていくかもしれません。ただし、現在の自民党ならびに「維新の会」の新自由主義路線は、ますます増加する非正規雇用と所得格差の拡大によって、その支持基盤を掘り崩しています。というのも、自己責任論と公共サービスの切り捨てを謳う新自由主義路線は、正規雇用のサラリーマンであればともかく、リストラや病気のために会社を追われたり、非正規雇用の仕事にしかありつけなかったりする人々にとっては、ほんらい支持できないものですし、新自由主義的政策を進めれば進めるほど、そうした人々は増えていくからです。それでは、そうした人々が左派の政党を支持する可能性はあるでしょうか。筆者としては、現時点ではその可能性はまだ低いと考えています。いかなるコミュニティとも無縁な、政治から切り離されたバラバラの個人である彼らの唯一の政治との接点がマスメディアしかないのであれば、現状は彼らが政治を変えることに希望をもてるような政治状況（メディア状況）とは思えないだろうからです。

　逆にいえば、彼らが政治に希望をもつことができるようになるためには、マスメディアを変えていかなければなりません。また、彼らが具体的に社会に関わることのできる中間的集団あるいはコミュニティがつくられ、それと結びついた新たな政党や政策がつくられる、彼らが政治に積極的に参加する条件を整える必要もあります。しかし、それ以上に必要なことは、衰退する地域コミュニティと、脱地域化した人々のあいだをふたたび結び直すことでしょう。それは、かつての大阪を構成していた「旧住民」と、これまで選挙以外に政治に関わる手段をもたなかった「新住民」が融合し、ともに協力しあうことのできるようなコミュニティをつくることです。そのようなコミュニティから生まれる政治こそ、大阪を真の意味で「再生」することができる政治ではないでしょうか。

第五章

「橋下現象」の心理＝政治学

——ポピュリズム時代の記号的政治について

1 「橋下批判」批判——シミュラークルとしての「橋下徹」

二〇一一年末の大阪市長・府知事ダブル選挙で、橋下徹氏と彼が率いる「大阪維新の会」（以下「維新の会」と略）が勝利して以来、とくに二〇一二年の春以降、新聞やテレビ、週刊誌などのマスメディアはこぞって彼と「維新の会」の国政進出について報道を競いあい、彼らの勝利を待望する記事をちまたに撒き散らしている。「橋下徹に日本の改革を委ねよ！」（「Voice」二〇一二年五月号）「橋下総理に日本のここを変えてもらいたい」（「週刊現代」二〇一二年六月二日号）など、まさに橋下氏の独断的手法（いわゆる「ハシズム」）を礼賛し、橋本首相の誕生を待望する記事に事欠かないありさまだ。しかし、その三年前の二〇〇九年には、それと同じマスメディアが新自由主義政策による「格差社会」を批判し、そこから民主党政権が誕生したことを考えると、ほんの数年のあいだにマスメディアと世論がどうして態度を一八〇度変えてしてしまったのか、こうした転回が平然とおこなわれるこの国のメディアと世論はいったいどうなっているのか、唖然としているのは筆者ばかりではないだろう。

　そうなったのは、橋下氏という人物にそのような転回をおこなわせるだけの政治的能力や魅力があるからだ、と考える人もいるだろう。週刊誌で橋下氏を礼賛する評論家の多くは、橋下徹という人物はたぐいまれな政治的力量をそなえており、彼の主張する極端な競争主義が日本経済を再生させると信じているようだ。反対に、橋下氏と「維新の会」に反対する人々も、彼らの主張のうちに戦前の国家主義的な思想（端的に言えば「ファシズム」）の復活を見て取り、戦後民主主義社会に敵対する思想の持ち主として彼らの政策を批判し、攻撃をおこなっている[1]。

　橋下徹という人物がある種の人々にとって魅力的でカリスマ性をもっていることも、新自由主義的な政治家であることも、ファシズム的な言動を積み重ねていることも、筆者は否定しないし、事実だと思う。しかし、だからといって、マスメディアと世論の転回を「橋下徹」という個人の力量や思想の問題にしてしまうことは、現在この国で起こっていることを捉え損ね、もっと重要な問題を見失うことになると思わざるをえない。

メディアとの共同作業でつくりだした「政治的力量」

まず政治的力量について言えば、そもそも橋下徹という人物が府知事になれるほどの票を獲得したのは、関西のマスメディアにおける彼のタレント弁護士としての人気と知名度があってこそである。その人気と知名度なしには、彼が府知事時代にさまざまな「改革」をすることができたとは考えられない。むしろ、タレントとしての人気を高い得票率に結びつけ、その高い得票率を「自身の政治的力量に対する府民の期待の高さを示す」証拠として言説を組み立てたのは、まさに橋下氏自身である。そして、タレントとしての知名度の高さが大都市の「浮動票」を獲得するための重要な因子であり、それが橋下氏の選挙における勝因だったことを百も承知のうえで、そのことを自身の「政治的能力に対する府民の期待の高さのあらわれ」とみなす橋下氏の言動を鵜呑みにし、あたかも橋下氏に卓越した「力量」がそなわっているかのような言説を定着させたのは、まさしくマスメディアの所業である。つまり、橋下氏が大きな政治的力量をそなえているかのような言説それ自体が、最初から橋下氏とマスメディアの協力関係によって成り立っている。そうでなければ、これまでに強引な政治手法と数々の毀誉褒貶によって多くの批判にさらされた時点で、すでにマスメディアによって政治生命を絶たれていただろう。

シミュラークルとしての「橋下徹」

他方、橋下氏の思想についてはどうだろうか。たしかに、大阪府・大阪市の教育改革に血道を上げ、小学校から高校まで競争原理を導入し、グローバル競争に勝利する人材をつくることを主張したり、図書館や伝統芸能など従来の文化行政への経済的支援を減らし、行政機構のスリム化を訴えるなど、明らかに多くの点で彼は新自由主義的な主張をしているのはまちがいない。他方で、高校教員に「君が代」の斉唱を強制したりする様子をみせ、府や市の職員に対して絶対的忠誠を求める彼の態度は、たしかに戦前の国家主義やファシズムを思わせるものがある。

とはいえ、そのような彼の主張は、基本的には小泉政権や安倍政権などの自民党政権で主張されたことの焼き直しであり、とくに目新しいものではない。公共サービスの民営化や法人税を下げるなど企業優遇策を採ることで府民の所得が上がり、それによって税収も上がり、行政サービスも充実する、という「維新の会」のマニフェストも、第三世界の国々を支援する際のIMFの常套句であり、ようするに世界中でおこなわれている新自由主義政策――行政学の領域では「新しい公共経営」と呼ばれる――の引き写しである。しかし、彼が福井県の大飯原子力発電所の再稼働に反対したり、大阪の部落問題の解決に積極的な姿勢を示したり、道州制の導入によって地方分権を提唱したりしていることを考え合わせると、この人物がいったいどのような思想の持ち主なのか、真面目に考えると理解することができないだろう。中央集権主義なのか地方分権主義なのか、電力会社と財界に与しているのかいないのか、文化を重視しているのかしていないのか……等々。

二〇一一年末の大阪市長選の時点で巷でおこなわれた橋下批判では、彼の言動のうちに全体主義の思想を見て取り、それを批判したものが多かったように見受けられる。しかし、彼の言動をよくみてみると、その多くは「コピー／ペースト」でできあがった作文のようにちぐはぐで、いたるところに矛盾がみられ、むしろ彼自身に「思想」と言えるほど一貫した体系的観念は存在しないことがわかる。

筆者自身、橋下氏の言説からどのような思想が浮かび上がってくるかを検討してみたが、彼の言説の多くが強く断言する言い方で語られているにもかかわらず、ついに彼固有の一貫した思想や体系性のようなものは把握できず、むしろその一貫性のなさ、体系性のなさ、思想のなさが感じられるばかりで、彼自身の思想を批判することは不可能であると思われた。つまり、橋下氏に独自の思想のようなものを想定して批判するのは誤りで、この人物をいかに批判しようとしても、批判対象となるべき橋下氏自身の固有の思想が存在しない以上、その批判は効果がないばかりか、幽霊を相手に喧嘩しているようにしかならないのだ。

それでは「コピー／ペースト」でできた作文のような、あるいは実体のない幽霊のような橋下氏の思想を、どのように批判すればよいのだろうか？　筆者の考えでは、このような疑問が浮かんでしまうのは、おそらく問題の立て方が間違っているのだ。つまり、橋下氏は最初から「シミュラークル」――メディア社会・高度消費社会におけるオリジナルなきコピーの寄せ集めを意味するフランスの社会学者ボードリヤールの概念――であるという前提から出発するべきである。したがって、真に批判すべき対象は橋下氏のイデオロギーや思想ではなく（もちろんこれも必要な作業なのだが）、橋下氏（および「維新の会」）のような政治的シミュラークルがこれほどまでに機能してしまう社会的条件のほうなのだ。おそらくこの先、橋下氏と「維新の会」が国政進出に失敗したとしても、あるいは大阪府政や市政で力を失ったとしても、同じような政治家や政治集団が次々といくらでも登場するだろうし、現に登場しているように思われる。橋下氏当人を批判することも必要ではあるが、むしろ「橋下現象」、すなわち橋下氏に象徴されるようなシミュラークル政治家が政治的に大きな権力をもつことの条件を検討するほうが有意義であるように思われる。

「橋下現象」の新しさ

そうであれば、まず次の疑問が浮かんでくる。「橋下現象」は、はたして新たに登場したのか、それとも古くから存在するのか、という疑問である。いいかえれば、先に述べたシミュラークルとしての政治家（あるいは政治的言説・行動の総体）が権力をもつような事態は新しいのか、それとも古くから存在するのか、という疑問である。

まず、「アメリカの操り人形」とまで言われている野田総理の言説の毀誉褒貶ぶりをみても、あるいはかつては閣僚が「官僚の操り人形」とみなされていた事実をみても、これまでの日本の政治家に一貫した思想や強固な政治的信念がみあたらない事例はいくらでもある。というより、日本の政治家の仕事の大きな部分が財界の利害や党内の政治的意見の調整であることを考えれば、強固な政治的信念と一貫した思想をもたない政治家のほうが通例であり、むしろそのような政治家でなければ権力を握ることができないというのが現実であろう。その意味では、橋下氏の思想に実体がない（つまりオリジナルではなくコピーの寄せ集め）という点については、過去・現在の日本のほとんどの政治家にあてはまる。さらに言えば、新自由主義的な政策や全体主義的な政治的主張は、自民党の議員にも民主党の議員にも多くみられ、これも橋下氏だけの特徴ではない。

また、橋下氏がマスメディアにおけるタレントとしての知名度の高さによって政治家になり、最初からマスメディアと緊密な関係があるという点についても、そもそも日本では久しい以前からタレント政治家は珍しくなく、むしろ既存の政党も選挙のたびに議員候補者としてメディア受けする著名人やタレントを探し求めているのが現状なのだから、「マスメディアがつくりだした政治家」というのも橋下氏だけに当てはまるわけではないだろう。さらに、ツイッターなどによる情報発信を積極的におこない、挑発的な言動を振りまいて世論とメディアの注目を集める「劇場型政治」という批判も、小泉政権あたりから見られたことで、とくに斬新な現象というわけではないだろう。

他方、「橋下現象」が従来になかった新たな現象であるというのも、多くの批評家たちが、さらに橋下氏と「維新の会」がみずから述べていることである。たしかに、既存大政党の公認を受けない候補者がこれほど大きな反響を呼び、多くの支持を得たことは、従来になかった。また、市政と府政の統合を訴え、私的シンクタンクを組織して「マニフェスト」を公開し、市民社会に対して大がかりな改革を呼びかけ、積極的に敵対者を攻撃するタレント政治家も、これまで存在しなかった。まして、地方公共団体の首長が国政にこれほど積極的に関与することも、これまでみられなかったことである。

こうした「橋下現象」にみられる新旧の目立った特徴は、ある意味では従来の日本政治にみられたさまざまな路線や手法の「コピー／ペースト」であるとともに、他方ではそれだけにとどまらない新たな政治現象を出現させている。ようするに、ここではさまざまな模倣をつうじて、なにかしら新しい政治現象が浮かび上がっている。それははたして、いったいどのような政治現象なのだろうか？

筆者としては、この新たな政治現象とは、これまでに述べたすべてのこと、つまり橋下現象にまつわるさまざまな特徴がそれぞれバラバラでその場しのぎのものではなく、すべて結びついて一体となったものであり、たとえ橋下氏と「維新の会」の主張が模倣の寄せ集め、つまり「シミュラークル」にすぎないとしても、はっきりとした形態を取った政治現象であると考えている。誤解を怖れずに端的に言ってしまえば、それは近代市民社会の支柱を失った先に登場した、市民社会そのもののシミュラークル化をともなう「ポスト近代市民社会」の本格的到来を告げる政治現象であり、それこそポピュリズムと呼ばれる現代の大衆扇動型政治の核心に潜むものと考えられる。

2　「橋下現象」の特徴――メディア社会の心理＝政治学

身体性なき政治的共同体

とはいえ、ここではおおげさな話にもっていく前に、再度「橋下現象」の特徴を考え直してみよう。たとえば原発行政をめぐる橋下氏の言説の毀誉褒貶ぶりや首尾一貫性のなさは、既存の政治家の、直近では野田総理のそれと大差がないようにみえる。しかし、既存の大政党の政治家の場合、彼らが選出されているのはそもそも彼らが明確な政策理念をもっているからではなく、支持母体である出身地域や機関の利害、また党内組織の利害を「調整」する能力によって選出されているのであり、その「利害調整能力」こそは民主党や自民党のみならず共産党や公明党にも共通する「政党政治」の特徴である。つまり、従来の利害調整型の政治家は、地域から政党にいたるさまざまなレベルの「共同体」とその内部の具体的人間関係にどっぷりと依存しており、だからこそ表だって理念をぶつけあって敵対するよりも、いわゆる「寝技」と呼ばれるような人間関係の技術をつうじて「利害調整」を図ることが通例である。たとえば、市会議員にせよ国会議員にせよ、多くの政治家は自分の支持者の人々にたいして冠婚葬祭から就職の世話などさまざまな「口利き」をしたり、有権者に支持を訴えるために辻説法や自治会まわりなど「地べたを這う」ような活動をつうじて「情に訴える」のが通常である。ようするに、こうした政治家に求められるのは、共同体の利害調整（利益誘導も含む）にくわえ、ある種の情動的コミュニケーション能力（「清濁併せ飲む」、「太っ腹」、「度量が広い」などの従来の政治家に求められた気質）である。それは彼らが、よくもわるくも具体的な人間関係に依拠しているからであり、またそのような共同体（「ムラ社会」と言ってもよい）に依拠しているからである。

しかしその特徴は、橋下および「維新の会」にはきわめて希薄である。というのも、彼らは基本的に「利害調整」をしないことを特徴としており、つねに「敵か味方か」の二者択一の仕方で議会や市民社会に問題提起することを身上としている。また、彼らが依拠しているのは、自治会や地域社会、組合や政党などの具体的な共同体ではなく、不特定多数の「大阪府民（あるいは大阪市民）」であり、「国民」である。彼らがみずからの政策をアピールするのは、マスメディアとともにインターネットの「フェイスブック」や「ツイッター」といった「パーソナルメディア」であり、彼らの具体的共同体はそれらのメディアをつうじて集まった「志士」（「大阪維新の会」のメンバーの呼称）である。

　当然ながら両者の違いは、その支持者についても言えるだろう。橋下氏の支持層にかんする正確な分析データがないので断言することはできないものの[2]、その支持層は既存の「利益誘導型」政治の恩恵に与れない層であり、「利害調整」型の政治家にとっての対象にならない層であることは、容易に推測できる。具体的には、地縁や血縁から切り離され、組合運動にも自治会組織にも宗教団体にも住民団体にも無関係な、いわゆる「根無し草」として大阪の都市部に在住する会社員で、マスメディアやインターネットをつうじて世間の情勢を把握している比較的ＩＴ能力に長けた、つまり一定の高等教育を受けたホワイトカラーが思い浮かぶ。それは「政党」や「自治会」「教団」「組合」「地域」といった利害や理念で結ばれた具体的な人間関係からなる共同体というより、むしろ抽象的なメディア空間における不定の「個」からなる共同体であり、また具体的な人間関係をとりまとめるために「調整能力」が要求されることもなく、具体的な人間関係がないために「情動的コミュニケーション能力」も必要とされない政治的共同体である。ようするに、それは具体的な共同体の存立を支える身体性を欠いた、抽象的で非身体的な政治的共同体である。別の言い方をすれば、それは従来の社会学が対象としてきた具体的な共同体をすっぽりと欠き、個人とその精神内世界、そしてインターネットやマスメディアの記号空間からなる、一種の心理的な政治的共同体なのである。

　上記で述べたことはさしあたり仮説にとどまっているが、それでもこの仮説にもとづくことにより、「橋下現象」のいくつかの側面を理解することができるように思われる。

なぜ大阪で？——同一性と排除の心理＝政治学

まず、よく疑問視されることの一つに、「あの大阪で、なぜファシズム的な主張を繰り広げる橋下氏が人気を得ているのか」という疑問がある。つまり、「お笑い」文化で知られ、「不真面目」で「いいかげん」だが「寛容」と「助け合い」を特徴とする大阪人のあいだで、なぜ橋下氏と「維新の会」のような「きまじめ」で「不寛容」な競争主義的政策を掲げる人々が受け入れられるのか、という疑問である。

しかしこのような疑問も、もはや地域社会や組合などの「具体的な共同体」がすでに力を失っており、したがって利害調整能力や情動的コミュニケーション能力も人々のあいだで機能を失っているとしたら、それほど不思議なことではない。そもそも「寛容」という特質が養われ、また重視されるのは、具体的な共同体や人間関係におけるさまざまな対立や衝突を受け入れる必要性をつうじてであり、いいかえれば「差異」にもとづく共同体を前提とすることによってである。そして「笑い」という文化にしても、生活上のさまざまな矛盾や苦悩を互いに分かちあう情動的コミュニケーションの術として発展したものであり、これも「笑い」の共同体（それは同時に「苦しみ」の共同体でもある）を前提としたものである。実際、筆者が九〇年代に新聞記者をしていたとき、吉本興業の重役の一人は、当時あらたな芸人発掘のためのオーディションを大阪以外に九州でも開始したことの理由として、バブル時代をつうじて大阪の下町コミュニティが解体し、「笑い」の文化とそれを支える共同体がもはや失われつつあることを挙げ、寂しげな表情で語っていた。このことを筆者は鮮明に記憶している。つまり、当時から「大阪らしさ」は、それを支える具体的な共同体とともに、失われつつあったのである。

そのような具体的共同性が衰退すると、もはや「寛容」という特質も必要がなくなり、差異にもとづく共同体を前提とする必要もなくなる。つまり、同一性にもとづく共同体を築くために、差異（異質な人々）を排除することが可能になる。おそらく、このような指向がもっとも具体化された同一性の共同体は、北米や南米などの一部の国々でみられる、貧困層を物理的に排除した高級住宅地である富裕層の「ゲーティド・コミュニティ」であろう。しかし、これと同じ指向は富裕層だけでなく中産階級にもみられるし、もっとも手っ取り早く具体化する手段はインターネットであろう。つまり、インターネット上で自分と同一性（同質性）の高い人々とのあいだでヴァーチャルな共同体をつくることである。

このような同一性の共同体への指向は、地域共同体が早くから失われた地域、つまり大阪よりも首都圏のほうが早く、また大規模な仕方で現れているように思われるし、現在になってようやく大阪（そして名古屋も）が首都圏に追いついただけのようにも思われる。さらに、同じような心理的＝政治的変化は、おそらく今後も首都圏や大阪以外の都市でも起こり、新たに政治的形態をとって姿を現すだろうとも思われる。

いずれにしても、橋下氏を熱烈に支持するインターネットのブログやツイッターの多くでは、つねにここで述べたメンタリティ、すなわち差異に対する不寛容と並んで同一性への熱烈な欲求がみられる――たとえば、貧困層への生活補助に対する（嫉妬に近いような）嫌悪、外国人に対する差別的で排外主義的な言説、自己中心的で一方的な問題提起と「対話」の拒絶といった特徴が、橋下氏の支持を表明する人々の言説にあふれかえっている。それはまた、橋下氏から離反する人々の特徴でもある（たとえば橋下氏が竹島の日韓共同管理を主張した後に「橋下は朝鮮人だ」と非難するブログやツイッターでの発言が急増し、支持率が急落するなど）。そこに橋下氏と「維新の会」の強みとともに、弱みがある。つまり彼ら（と支持者）が言説や主張の同一性によって結びつく以上、その主張が単純で明確であればあるほど指示を得るのだが、他方ではかつての政党政治では些細な差異としかみなされなかった主張の違いが、グループの分裂や支持者の離反に結びつくという特徴である。

高度消費社会と情報化社会における記号的政治

このような心理的＝政治的な変化を前提としたとき、それは八〇年代の高度消費社会の到来とともに生じた出来事ときわめて相同的な関係をもっていることに気づく。つまり、ボードリヤールが八一年の著作『シミュラークルとシミュレーション』[3]で提起した現象が、そのまま政治的領域で起こっているのである。すでに橋下氏を「シミュラークル」として捉えるべきだと述べたのは、それは橋下氏の思想が「コピー／ペースト」でできているからというだけではなく、「橋下現象」そのものが経済的領域ではなく政治的領域で「シミュラークル」を生み出す状況と重なっているからである。

ボードリヤールの議論をかんたんに要約すれば、近代とは伝統的共同体の崩壊と都市化・産業化によって特徴付けられる時代であり、それは経済的領域において具体的な共同体の内部での「モノの交換」から、市場という抽象的メカニズムをとおした「モノの交換」への移行として姿を現す。その後、市場が拡大して一定の限界に達すると、生産だけでなく消費の拡大が要求されるようになり、そのときモノの価値として「使用価値」よりも「記号的価値」が優位になっていく。そしてマスメディアの発達にともない記号的価値の消費が重視される高度消費社会が到来すると、情報処理技術によるシミュレーションと効率的生産をおこなうマーケティング技術が発展する。そこでは既存の消費動向の分析にもとづいて、さまざまな記号的価値をそなえたシミュラークルとしての商品が生産され、消費者はその記号の体系のうちにみずからも割り当てられていくことになる。わかりやすい例を挙げると、ある企業が膨大な消費者のデータベースの分析にもとづいてシミュレーションをおこない、特定の消費者グループを狙って生産したある商品を売るために、コマーシャルをつうじて「あなたに合う商品はこれ」と呼びかけるとき、その商品に「自分らしさ」の記号を求めて購買する消費者は、その企業がつくりだした「シミュラークル＝まがいもの」としての「自分」の記号を自己と同一視することになる。

ここで重要な役割を果たしているのがマスメディアであり、広告会社であり、マーケティング会社である。ようするに高度消費社会とは、情報機器による消費者データベースの蓄積と分析によってミクロなマーケティングがおこなわれる社会であり、また記号が記号をつくる（データベースの購入記録から記号的価値がつくられ、その消費がさらに購入記録としてデータベースに登録される）サイクルが無限に繰り返され、すべてが記号のうちに展開される世界である。

このような高度消費社会の成立にあたって情報機器の発達が中心的役割を果たしたことは言うまでもない。そして、九〇年代以降のインターネットの普及によって、いわゆる情報化社会が進展するにともない、高度消費社会において登場した「すべてが記号のうちに展開される世界」が、いまや経済領域を超えて、生活のあらゆる領域を覆うようになった。このような情報化社会の特徴を理解するには、高度消費社会における商品の「記号的価値」は情報化社会における「情報価値」に相当し、高度消費社会におけるシミュレーションされた「オリジナルなきコピー」としての商品（シミュラークル）は情報化社会におけるインターネット上のさまざまなコピー／ペーストの組み合わせからなる文書に相当する、と考えればよいだろう。ようするに、高度消費社会と情報化社会は、情報機器の発達にともなって登場したもので、それぞれ経済的領域と社会的領域という異なる領域で生じた現象であるとしても、ともに「記号世界」の論理にもとづく双子の兄弟のような世界なのである。

この二つの領域は、もちろんその出自は異なるとしても（高度消費社会は製造業とマスメディア、マーケティング技術の結合から、情報化社会はパソコンとインターネットの結びつきから）驚くほど互いに重なっている点がある。それは、両領域ともグローバル化によってますます拡大している点であり、また、共同体の喪失によって人々がますます記号（情報）に依存せざるをえなくなるという点である。むしろ現在では、両領域は合体して区別できなくなっている側面もある（たとえばインターネット通販の拡大や、マスメディア自体が高度消費社会と情報化社会に飲み込まれている現状など）。

そして、このような情報技術の進展にともなう経済的領域と社会的領域における変化につづいて、当然のことながら残りの一領域、すなわち政治的領域にも変化が起こっても不思議ではない。実際、高度消費社会の到来によって少品種大量生産・大量消費体制（フォーディズム）から多品種少量生産体制（ポストフォーディズム）が引き起こされ、そのことが夫婦や家族、地域といった社会的領域に大きな変化を与えたのだから、[4]社会的領域の変化が政治的領域の変化の要因にならないわけがないし、また経済的領域の変化によって直接的に政治的領域が変化していることも考えられる。いずれにしても、経済的領域において高度消費社会が、社会的領域において情報化社会が到来したのと同じように、政治的領域においても人々の政治意識や投票行動が「すべてが記号のうちに展開される」ようになるとしても不思議ではない。[5]つまり、政治家や有権者の言説が「シミュラークル（オリジナルなきコピー）」になり、断片的な情報の寄せ集めとしての政治意識が人々を動かすようになったとしても、あるいは、それが大資本や広告会社の「シミュレーション」にもとづくものになったとしても、おかしくはないのである。[6]そして、今回の「維新の会」の支持拡大が意味しているのは、おそらくこのような記号的な政治領域の拡大であると考えられる。

3　「橋下現象」と訣別するために

さて、これまで「橋下現象」について筆者に特徴と思われるもの――現代のポピュリズム政治に共通する特徴でもあるだろう——を挙げ、かんたんに分析してみたが、以上に述べたことからさらなる帰結を引き出して結びとしたい。

近代市民社会の成立基盤とその喪失

今回の「橋下現象」は大阪に特有の現象であるとも言えるが、同時にある種の普遍性をもった現象であるようにも思われる。大阪に特有の現象というのは、「橋下現象」が大阪で生じたこと自体が、おそらくは共通の文化的基盤によって結びついていた具体的共同体の集合体としての「大阪」が崩壊した結果であり、その意味において大阪に「特有の現象」と言えるからである。普遍的というのは、このようなプロセスはおそらく今後も国内のさまざまな都市部で進行するだろうからである。しかし、筆者としてはさらに巨視的観点から今回の現象の普遍性を捉えてみたい。

英国の犯罪学者ジョック・ヤングは著書『排除型社会』のなかで、先進諸国における犯罪政策の動向の変化を分析し、それを「包摂型社会」から「排除型社会」への移行と捉えたが、そこで彼は近代の国家主義的な包摂型社会の論理は、伝統的共同体や地域共同体によって支えられつつも、経済体制の変化とともにそれらの共同体が崩壊したため、もはや力を失ったと説明する。そして近代市民社会が前近代的社会の論理を遺産として食いつぶしてきたことを強調している[7]。つまり、近代市民社会の「平等」や「博愛」といった市民的道徳は、前近代的な伝統的共同体における価値観（いわゆる「仁義」など）によって支えられなければ、そもそも成り立たないものだったのである。

このようなジョック・ヤングの指摘をよく考えてみると、そのことはそもそも近代市民社会の始まりから前提とされてきたことがわかる。つまり、近代市民社会を構成する二つの原理である自由主義（資本主義）と国家主義（社会主義）が設計された時点で、そのような前近代的資源が前提とされているのだ。実際、一方でアダム・スミスの資本主義社会の設計図である『諸国民の富』においては、すべてを市場に任せたところで最終的に「神のみえざる手」が働いて競争が緩和されるとされ、その「神のみえざる手」は人々のあいだに生来そなわる「共感《シンパシー》」とみなされる。他方でルソーの国家主義（社会主義）社会の設計図である『社会契約論』においても、契約による国家を支えるのは市民のたえざる共同討議であり、それは市民間の「共感」によって維持されるものとみなされる。ようするに、近代市民社会の出発点においては、自由主義であれ国家主義（社会主義）であれ、市場競争や議会政治の暴走を防ぐために、あらかじめ具体的な人間関係における美徳として「共感」が前提とされていたのである。そして、この「共感」が培われる場所は、記号の世界ではなく、具体的な人間どうしの関係からなる共同体のほかにありえない。

新自由主義と国粋主義を超えて――ポスト近代社会における新たな市民社会のために

そうであれば、具体的な共同体――地域社会や農村などの田舎の伝統的共同体だけでなく、組合やクラブ、協会、政党、教団などの都市における「伝統的」共同体――が崩壊することは、先ほど「寛容」について述べたのと同様に、「共感」という近代市民社会の前提が失われることを意味しており、前掲のジョック・ヤングの考えはそのような事態を指摘したものとみなすことができる。そして先に述べたことが正しければ、そのような前提が消失するとき、自由主義と国家主義が極端にまで暴走することは避けられない。こうしたポスト近代社会における状況では、すべてを市場原理に委ね、とことんまで競争を推し進める新自由主義が古い自由主義に成り代わり、また、すべてを契約（法律）に委ね、とことんまで処罰と統治を厳格化していく極右的な国家主義が、かつての社会主義的な国家主義に成り代わっていくことは、当然のことなのだろう。そして、具体的な共同体を喪失した人々が、近代市民社会を支えてきた美徳である「共感」と「寛容」を失い、この二つの思潮に飲み込まれていくことは想像に難くない。実際、インターネット上の「ネトウヨ（インターネット右翼）」と呼ばれる人々がしばしば新自由主義的な競争原理と自己責任論を振りかざす言説を繰り広げるのは、近代市民社会の基盤の喪失をみずから証言しているようなものである[8]。

しかし、このような変化の果てに待ち受けているのは、もはや具体的な人間どうしの結びつきや共感を失った、すべてが記号（情報）の世界で展開され、ネットやマスメディアだけですべて完結する「記号市民社会」なのだろうか？

筆者は、そのような社会は実現しないと考えている。みすぼらしい事例かもしれないが、大学に勤務している筆者の身のまわりの世界でも、たしかに一見すると学生たちはますます友人をつくることに躊躇するようになり、実世界でもインターネット上でも同質的関係を求め、そのなかに閉じこもっているようにみえる。しかし、実際にはそのような世界に閉じこもることは彼らにとっても苦痛であり、しばらくすると心身に不調をきたしたり、自分にも世界にもうんざりしてくるのが実情である。ようするに、そのような社会に心から魅力を感じる者はおらず、たとえ具体的な人間たちの共同体のなかでの苦しみ（いじめられ体験や失恋、受験・就職の失敗）から、具体的世界を離れ、自己の世界を記号だけで完結させようとしても、共感や身体的つながりを本当に求めていないような若者を、筆者はみたことがない。それは学生に限らず、筆者の知るかぎりの人間のほとんどに共通していることである。

筆者が関わってきた、記号世界に引きこもっていた学生たちが、コミュニケーションに苦労しながら具体的な人間関係からなる共同体をみずからの手に取り戻していく様子は、都市で具体的な共同体を失った社会に生きるバラバラの市民たちが、アパートやマンションの自室を出て隣人や地域の人たちとの関係を取り戻し、新たな共同体をつくりあげていくことの、ささやかな前触れのように思われる。そのような小さな冒険が市民のあいだに起こりはじめるとき、そのときこそ私たちは「橋下現象」――そしてポピュリズム政治――と訣別できるのではないだろうか。

第六章　「新しい公共経営」と官僚制

――これからの地域市民運動のために

1　はじめに

かつて地方自治体の役人といえば、通産省や国土交通省などのエリート高級官僚とは違い、昼間からろくに仕事もせずに同僚とおしゃべりしていたり、窓口に来訪した住民を素っ気ない態度でたらい回しにしたり、住民には偉そうな態度を取るくせに上司の前ではひたすら従順にふるまったり、地域の土建屋や議員とつるんで住民にとって何の役にも立たないハコモノの計画案を突然提出したりといった、六〇年代に流行した植木等の「無責任一代男」の歌詞をそのまま地でいくようなイメージでよく語られていた。もちろん、こうした「小役人」を絵に描いたような行政マンだけでなく、ときには地域住民の声に熱心に耳を傾け、必死になって地域をかけずりまわる役人も見られたものだが、それでも、そうした熱心な役人の多くはおそらく出世できなさそうであった。こうした光景は、まさに「官僚制」の弊害を象徴するものとして、多くの市民の胸の内に苦々しい思いとともに残っているはずである。

　しかし、こうした光景は、都会の役所に限っていえば、もはや見られなくなっているように思われる。むしろ、窓口ではニコニコと笑顔を浮かべ、困っている住民がいれば率先して案内し、手早く必要な資料を取りだし、最後には御礼まで述べてくれるような役所のほうが多くなっているのではないだろうか。また、地域の集まりや勉強会にも熱心に参加し、積極的に政策提言をおこなう若手職員も珍しくない。他方、役所には夜中まで電気がつくようになり（まるで霞ヶ関の官公庁のように！）、役人の過労死（これは昔の地方役人をイメージする人からすれば語義矛盾だろう）やうつ病がそこかしこで聞かれるようになった。こうした変化は、かつて国鉄が民営化してＪＲになった時の駅員の態度の変化を思い起こさせるものである。そして実際、それと同じ変化が行政団体のうちに生じている。すなわち、民間的手法の取り入れによる、新たな行政改革が進行しているのである。

　行政団体のトップやその周辺にも変化が現れている。つまり、メディアを利用して住民から圧倒的な支持を受ける首長が登場し、彼らはときに民間企業のオーナー社長のように専横に振る舞いながら、議会とのあいだでしょっちゅう争いを起こすようになった。つまり、自治体の官僚制度は、その底辺から頂上にいたるまで、激変の過程にある。こうした行政機関の変化に直面して、市民たちのあいだにも、また市民運動のあり方にも変化が生まれている。いったい、そこでは何が起こっているのだろうか？　そして、それは市民運動にどのような影響を与えるのだろうか？

本論では、地方自治体に生じている変化とその背景を検討するために、かつての官僚制度とは異なる新たな官僚制の登場について報告し、その背景にある社会状況と思想を整理することにより、これからの地域市民運動の課題を考えたい。なお、筆者は行政学にも経営学にもまったくの素人であり、またここで述べることの多くは専門家からみると見当違いかもしれないが、それでも地方自治体の変化にかんする思想史的研究や批判がきわめて乏しいことから、あえて門外漢ながら課題に取り組んだ次第である。

2　近年の地方自治体における政治的変化

官僚制の「民営化」

冒頭で述べた無責任で冷淡な地方官僚のイメージは、第二次大戦後に米国の社会学者であるマートンが「官僚制の逆機能」[1]と呼んだものがそのまま当てはまる。すなわち、①規則にないことはしない（規則万能主義）②前例にないことはしない（前例主義）③自己の保身を最優先する（事なかれ主義）④上司の機嫌は取るのに住民に対しては冷淡（権威主義）⑤たらい回し（縦割り行政、セクショナリズム）、等である。

こうした官僚制の弊害に対して市民たちの不満が強まり、肥大する官僚機構への改革が叫ばれ、実行に移されるようになったのは、まず八〇年代の中曽根政権で「民営化」や「民活」がキーワードになり、マスコミや財界、市民たちが諸手をあげて賛同した時期からであろう。つまり、国鉄・電電公社の民営化、通信・金融の規制緩和、医療・年金の改革などを柱とする「構造改革」が開始した時期である。一般市民にとって、国鉄職員や電電公社の職員は直接に目に触れやすく、したがって腹立たしい思いをさせられることが多かったこともあり、「これほどずさんな経営は民間企業では考えられない」という決まり文句とともに、この改革は国民の多くに歓迎された。その後も民営化路線は着々と継承され、いまや公務員批判と民営化は保守政治家の常套手段になっている。そこでは、とりわけ国民生活に直接関わることの多い公的組織（郵便局や地下鉄、学校など）がターゲットにされ、マスコミもそのような方針を支持するかのように、公務員（とりわけ学校教員）の些細な不祥事を熱心に取り上げるようになった。つまり、マスコミが公的組織や公務員の不祥事や問題を取り上げ、政府がそれらの組織を解体・民営化し、市民が溜飲を下げる、というサイクルが定着したのである。

こうした「民営化」（プライバタイゼーション）は、しかしながら日本が独自に始めたわけではなく、もともとは世界銀行や国際通貨基金（ＩＭＦ）などが途上国に押しつけた、規制緩和、貿易自由化、国営事業の民営化といった諸施策からなる政策パッケージに由来する。その政策方針は、先進国では八〇年代にイギリスのサッチャー政権の国内政策に適用され、公共サービスの大幅な切り捨てがおこなわれた。また八〇年代末にはＩＭＦとアメリカが国際経済政策の方針として採用したことから、「ワシントン・コンセンサス」と呼ばれることもある。それは現在「新自由主義」と呼ばれる潮流の基盤をなす政策であり、九一年のソ連崩壊後に世界中に広まったものである。

こうした新自由主義的プライバタイゼーションの潮流は行政システムを着実に変容させていった。八〇年代の中曽根政権当時と二〇〇一年の小泉政権以後の状況の大きな違いは、かつては日本型社会主義とまで揶揄された行政システムの巨大な官僚機構の一部を民営化するだけだったのが、現在では中央官公庁と裁判所、政府などの一部を除き、ほとんどすべてを民営化しようとしていることにある。誤解を招く怖れがあるので、正確に言い換えるとしたら、現在は行政システムが、たんに民間企業を利用する（民活）ようになっただけでなく、それ自体が民間企業の経営システムへと変貌しているのである。それとともに旧来の官僚制も、「民営化」あるいは「民間企業化」によって大きく姿を変えつつある。

新しい公共経営（ＮＰＭ）

以下、読者にとっては退屈かもしれないが、話を整理するためにもう少し「民間企業化」について述べさせていただきたい。

「民間企業化」が国内で行政システムに取り入れられたのは、おそらく九五年の三重県政が最初であろう。当時の北川正恭知事の県政改革の目玉である「さわやか運動」の特徴は、県民を「顧客」とみなして「顧客第一主義」を掲げ、地方自治体をサービス業と位置づけることにあった。同年に当時のクリントン大統領が絶賛して米国でベストセラーになったデビッド・オズボーンとテッド・ゲーブラーの『行政革命』（原著は九三年）の翻訳出版がされたことから、[2] 地方自治体の行政改革とその手法として、「新しい公共経営（New Public Management、以下ＮＰＭと略す）」が日本で大流行することになる。とりわけ国内では、地方自治体の財政逼迫とあいまって、行政サービスの効率的運営をうたうＮＰＭが九〇年代以降おおいにもてはやされ、それは中央官庁から全国の自治体に拡がり、大学でも「政策学部」の開設が相次ぐようになった。

　ＮＰＭとは、その代表的な論客のひとりであり大阪市長の橋下徹のブレイン（二〇一二年度も大阪市特別顧問として活動を継続しており、近年は東京都知事の小池百合子のブレインも務める）である上山信一によれば「平たく言うと民間企業の経営原理を行政のマネジメントに埋め込んでいくことである」。そして、それは「議会制民主主義と近代官僚制を修正し、ひょっとすると否定していく〝現象〟なのである」[3]。この上山の言葉を「おおげさすぎる」と受け取る読者もいるだろうが、筆者からすると上山の言説は正しいどころか、むしろＮＰＭを過小評価した控えめな言葉とさえ思われる。しかし、この点については後に回すとして、まずＮＰＭの歴史、背景、内容、状況について整理してみよう。ＮＰＭにかんする文献は無数にあるが、内容がよく整理されていることと国内の官僚自身のＮＰＭ理解をよく示していることから、ここでは国土交通省国土交通政策研究所のレポートを参照することにしたい。

　このレポートによるＮＰＭの定義は以下のとおりである。やや長いが、そのまま抜粋する。

［ＮＰＭとは、］経営学や経済学に理論的根拠を置きながら、民間企業における経営手法などを積極的に導入することによって、効果的・効率的な行政運営を行い、質の高い行政サービスの提供を実現しようとするものである。これは、現在、新たな行政管理手法として世界的に注目されてきている。その特徴としては、①経営資源の使用に関する裁量を広げる代わりに、業績と評価による統制［政策評価］をおこなう、②市場メカニズムを可能な限り活用するため、民営化、エイジェンシー化、組織内部への契約型システムの導入、民間委託などを積極的に進める、③顧客主義へ転換する［住民をサービスの顧客とみる］、④組織をフラット化する［ヒエラルキーの簡素化］などが挙げられる。[4]（［ ］内は引用者による補足）

このレポートでは、このような行政改革は、八〇年代以降にイギリスをはじめとするアングロ・サクソン諸国で広まったもので、日本においては「バブルの崩壊以降経済の停滞が続き、累積債務の増大に伴う財政的な制約が強まっている一方で、社会・経済の成熟化に伴う公共サービスへのニーズは増大し、かつ、多様化している」ことが、ＮＰＭ型行政改革が必要とされる背景にある、とされる。この説明だけを読めば、ＮＰＭは財政効率化を目指し、従来の官僚制の弊害を取り除き、行政のスリム化と透明化、サービスの充実をもたらすもので、住民にとってよいことばかりのように見える。実際、これまでの国営企業の民営化は、国営企業にみられる官僚制の弊害を民営化と市場競争原理の導入によって取り除くことで、生産効率を向上させ、顧客サービスを改善すると謳われてきたわけであるし、実際に国民やマスコミもそのようになると思い込んでいるようだ。

ただし実際には、ＮＰＭにはこうした「顧客第一主義」や「効率化」「透明化」「組織のフラット化（官僚制の打破）」とは別の側面がある。というのも、まず、それらの目的を達成するために、意志決定を迅速にするとともに、従来のピラミッド的な縦割りの官僚制に依存しない統制システムをつくるために、しばしば強力なトップダウン式の運営が要求される。また、そのようなトップの要求に応じる役人を育成するために、ＰＤＣＡサイクル（計画、実行、評価、改善）と業績主義（能力主義）、そして評価システムが必要とされる。たとえばＮＰＭ理論のもうひとりの代表的な論客である大住荘四郎は、ＮＰＭの自治体への導入にあたって、トップの明確な意思決定の重要性にくわえ、業績評価システムとトップダウンの確立の必要性を強調している。[5] さらに、先ほどの上山の論文でも主張されているように、地方自治体におけるＮＰＭの導入にあたっては、地方分権化の推進が不可欠になる。というのも、地方自治体の大きな役割として、公共事業において国から支給される補助金の活用が挙げられるが、それは地方自治体が自由に活用できる状況でないかぎり、あいかわらず縦割り行政のもとでおこなわれることになるからだ。

ポスト官僚制？――新たな統治モデルの登場

こうして、地方自治体のＮＰＭ改革が進行するにともない、官僚制度の基盤が揺るがされるようになったのは当然である。島田智明はドイツのＮＰＭ理論家であるナショルドの議論を整理して、従来

表6-1　近代官僚制とNPMの比較

近代官僚制による統治モデル	ＮＰＭによる統治モデル
規則による管理	目標や成果による管理
縦割り分業	提供するサービスにもとづいた組織
明確な階層構造	自己成果を重視した契約管理
競争原理の控えめな導入	外部に委託し、準市場の形成
戦略マネジメントの欠如	官僚支配ではなく、顧客（住民）志向

の近代官僚制モデルとＮＰＭモデルを比較している（表6－1）[6]。

この比較を見るかぎり、私たちの目の前に広がっている（とりわけ地方自治体における）官僚制は、かつて私たちが思い描いていた官僚の姿とはだいぶ異なるものであることがわかる。煎じ詰めて言えば、現在の役人たちは私たちの多くと同じ、企業内のサラリーマンなのである。そして首長は企業の社長や会長のようなものである。つまり、かつての役人たちは、出世するために上司の顔色をうかがうのが常であったとしても、それは出世を望んでいることが前提であり、たとえ上司に反抗してもクビになる怖れはなく、組合によって守られることもできた。それどころか上司でさえ、ろくに仕事をしなくても縦割り行政となれ合いによって安穏としていられたのである。しかし現在の役人は、住民向けサービスとトップによる評価にさらされ、しかも職場の人員削減や非正規職員の増加によって、企業内サラリーマンとたいして違わない状況にある。もちろん現実には、古い官僚制も組織内に根強く残っており、あいかわらず役人の天下りや民間企業との談合スキャンダルが珍しくないように、ここで述べたようなＮＰＭ的手法も全体にいきわたっているわけではない。それでも、しだいに姿を現しつつある新たな官僚制を、はたして「官僚制」と呼んでよいものだろうか？　それは

「ポスト官僚制」と呼ぶべきではないだろうか?

3　第三世界化する地方自治体

新自由主義行政改革としてのNPM

このような新たな地方自治体と官僚制のあり方は、市民社会にきわめて重大な変化をもたらすことが想像される。

たとえば行政学者である笠京子は、NPMは「行政国化の進展とともに埋没する傾向にあった自由民主主義の原則を、政府行政活動の実施過程を通じて再生しようとする仕組みである[7]」と評価し、その意義は二一世紀型の「脱行政国家」をもたらすことにあるとして、こう述べている。

> 一九世紀を立法府中心の国家、すなわち行政が政治の侍女として法律の実施のみに携わりえた時代であるとするならば、二〇世紀型「行政国家」とは、資本主義の発展と、普通選挙に代表される民主主義の進展とを背景に、行政府が、実施はもとより法律の作成にまで影響力をふるい立法府を凌駕するようになった時代である。二一世紀型「脱行政国家」という名称は、二〇世紀型行政国家の行詰まりを打開した結果、二一世紀に先進各国の共通形態となるであろう国家形態を示

すものとして使っている。ここ二〇年余りつづいている行政改革は、このような新しい統治形態を模索する試みとして位置づけることができるであろう[8]。

この笠の主張は、本人も認めるように新自由主義の立場からのものであり、フリードマンによる福祉国家批判（自己責任論と経済活動の自由化、「小さな政府」の主張）とハイエクによる民主主義批判にもとづいて展開されている。そこでＮＰＭは、行政権を抑え込むことを目指しており、ケインズ型福祉国家とそれによって歪んだ民主主義によって失われた（経済的自由を基礎とする）「個人の自由」を回復し、ふたたび「小さな国家」を目指す「新自由主義」に合致するものとみなされている。このような笠の主張は、これまで述べてきたＮＰＭの内容と一致するどころか、その思想的基盤を明らかにするものである。つまり、ＮＰＭは明らかに「新自由主義行政改革」なのである。

現在の国内では、こうした新自由主義行政改革は、市民の側からも歓迎されているように見受けられる。笠も指摘するように、ＮＰＭの方策である情報開示によって「従来に比べ格段に多くの行政管理情報を手にすることができるようになった[9]」のは事実であるし、また市民が「顧客」と再定義されることにより行政サービスにおいて市民の利便性が改善された点があることも事実である。また、大阪市の橋下徹市長や大津市の越直美市長への支持にも示されるように、このようなＮＰＭ改革を進め、首長の強力なリーダーシップの下で旧来の官僚制が打破されることを期待する市民感情も広がっている（もちろん、その支持の背景にはマスコミによる過剰な宣伝もある）。しかし、私たちはこのような改革を、たとえば旧来の官僚制の打破であるとか国家主義の解体であるとか考えて、手放しに喜べるものであろうか？

「帝国」と地方自治体の第三世界化

ＮＰＭに対する批判[10]は数多くあるが、なかでもよくまとまっているものに、安達智則の批判がある。[11]安達は九〇年代終わりから全国の地方自治体に広がったＮＰＭ行政改革を丹念に調べ、八〇年代の中曽根政権における民間委託と第三セクター方式に重点を置く「臨調行革」とは異なり、現在のＮＰＭが「官への民の本格出動」、すなわち民間企業による公的領域の浸食によって市民的公共性の解体をもたらしかねない点を特徴として挙げている。そして、ＮＰＭ導入を支持する市民感情の背後には従来の公共事業にみられたような官・財・民の癒着への怒りがあるにもかかわらず、実際のＮＰＭはその癒着をますます悪化させるというパラドックスに注意を向けている。

　この現象は、新自由主義的グローバル化のなかで世界的に起こった現象とまったく一致している。かつてラテンアメリカにおける公共事業（水道など）の民営化がもたらした危機や、古くはアフリカのガーナ、最近ではギリシアやアイルランドが、経済危機に際してＩＭＦからの支援を受ける代わりに公共事業の民営化による歳出削減を強いられた結果、社会基盤がぼろぼろになってしまったことはよく知られている。その背後で多国籍企業や先進諸国のリーダーたちの不透明な動きがあることや、結果として国内の経済格差が深刻化したことも、多くの研究が示しているとおりである。[12]つまり、いわゆる「官から民へ」の動きによって、NPM論者の主張（つまり、NPMは政治を市民の手に取り戻す仕組みだ、という主張）とはまったく反対に、市民が行政をコントロールできるようになるどころか、ますます行政が市民の手を離れていく現象が進行している。

　そのように世界的現象のうちに地方自治の変容を捉えてみると、二〇世紀末から二一世紀初頭にかけて、財政悪化と過疎化に苦しむようになった地方自治体が、中央に先駆けて「第三世界化」したことが伺われる。つまり、安倍政権の政策とそれへの支持にみられるように、政府が復古的な国家主義への傾斜を強め、地方への公共事業の予算バラマキという昔ながらの政策がおこなわれる背後で、財政的に追い詰められている地方自治体においてNPMが採用され、ますます行政の新自由主義化が進められている。皮肉な言い方をすれば、かつての新自由主義改革の犠牲者であり先進国であるラテンアメリカやギリシアの状況に日本もようやく追いついた、と言えるかもしれない。以前から第三世界諸国の政策立案を請け負ってきたマッキンゼーなどのコンサルタント会社や経済アナリストにとって、あるいは新たな投資領域のフロンティア（民間企業の公共セクターへの参入）を見出した投資家たちにとっては、これほど喜ばしい事態はないだろう。

　その意味では、先進諸国によるかつての帝国主義における植民地支配や、それを継承して戦後におこなわれた第三世界への経済支援の名を借りた新自由主義的な搾取の段階を経て、財政危機と福祉国家の行き詰まりが叫ばれるようになった先進国それ自体が、いまや搾取者の側ではなく被搾取者の側に置かれるようになったと言えるだろう。つまりネグリのいう「帝国」が田舎に住んでいる地方住民の目の前にも明確な姿を取って現れつつある。そうであれば、NPMは旧来の官僚制の弊害を克服するようにみえて、実際にはそれを新たな官僚制、すなわち「帝国」の官僚制——国家や自治体に仕える官僚ではなく、「帝国」に仕える官僚——へ再編しつつあるのではないだろうか？

4　新自由主義型市民社会の登場

ボランティアと再編される市民社会

しかし、再編されているのは自治体とその官僚制ばかりではない。住民もまた、再編のさなかにある。たとえば、地方自治体が財政危機を理由に住民サービスを切り詰める代わり、「住民参加型自治」という美名のもとに、切り捨てたサービスを住民にボランティアで（あるいはわずかな補助金で）おこなわせるようになっている。NPMが地方自治体に広まってきた一九九〇年代の終わりころから、NGOやNPOといった言葉が流行するようになり、特定非営利活動促進法（二〇〇二年）が制定されるようになったことを振り返れば、またそれと同じ時期に東京の一極集中や少子高齢化などの影響で地方都市の衰退が叫ばれ、「町づくり」「地域おこし」という言葉が流行し、そのために市民たちが積極的にボランティアをするようになったことを思い起こせば、これらもNPMと同じく「官から民へ」という流れに沿うものであるばかりか、公共領域への民間企業の浸食と軌を一にしていることがわかる。

ただし、この「民活」において民間企業には利益がもたらされるのに対して、住民のほうは無償労働を強いられている（それどころか自腹を切らされることも珍しくない）ことを考えれば、その搾取の構図は一目瞭然である。たとえ「ＮＰＭは自由民主主義の原則を回復する」という主張を認めるとしても、その「民主主義」の「民」は「民間企業」を指しているのであって市民を指しているのではなく、「自由」は民間企業が思いのままに活動することを指しているのであって、市民が思いのままに活動することを意味していない。市民のほうは公共サービスの低下によってますます生活が不自由になっており、そこでの市民たちの自発的参加はあくまで強いられた自発性によるもので、けっして「自由」と呼ぶべきではない。それは地方自治体の無策と失政のツケを住民に負わせ、問題解決を無償で住民にやらせるようなものだからである。その意味で住民もまた、ＮＰＭ改革のなかで、新たな地方自治体の官僚制の無償労働者（というより、もしかすると奴隷）として組み込まれつつある。先ほどの話とつなげると、新たに「帝国」の官僚制が登場しているとしたら、それとともに「帝国」の住民、言い換えれば新自由主義型市民社会もつくられつつあり、そこから逃れることはきわめて難しい状況にある[13]。

深刻化する地域間競争

こうした状況は、各地域が生き残りをかけて、これから他の地域とのあいだで住民を巻き込んだ「総力戦」に突入する事態を予想させる。実際、ＮＰＭが地方自治体のあいだに広まった背景には、財政の悪化と少子高齢化にともなう地域間の住民獲得競争が挙げられる。つまり、税収を維持するためには住民を別の場所から引き入れる必要があり、そのためには住民から選ばれる自治体にならなければならない、という意識の高まりである。[14] そこから「顧客志向」と地方自治体の仕事をサービス業とみなす考え方が根付くことになる。それは、地方自治体が住民ぐるみで商売を始め、客寄せをおこなうようになったようにも見える。

しかし実態はさらに深刻で、いまや地方自治体どうし（たとえば県どうし、市どうし）だけでなく、地方自治体内部の小さな地域（村や町、学区）のあいだでも住民獲得競争が起こっており、地域住民が新住民獲得のためにボランティアでさまざまなイベントをおこなったり、地域のブランド化を進めたり、地域の空き屋の紹介をしたり、自治体が引っ越してきた新住民に報奨金を与えたりすることは、もはや日常的な事柄になりつつある。皮肉なことに、住民生活のために地方自治体が必要なのではなく、いまや地方自治体のために新たな住民が必要になっているのだ。

このように地方自治体とその官僚だけでなく、そこに住んでいる市民たちまでもが「競争」のために動員されるようになった現状は、地方自治体が住民ぐるみで（テーマパークのような）一種のサービス業者になり、住民がそこで働く社員（といっても無償労働である）になった感覚を抱かせるものである。

こうした地域間競争が激しくなれば、当然ながらそこには勝者と敗者が生まれる。しかも、それは公平な条件での競争ではなく、農村部をはじめとする田舎の地域は最初から重いハンデを負っている。にもかかわらず、この強いられた競争において人口が増えなければ、コストの観点から学校や病院、バス停、郵便局などが失われ、ますます人口が減っていくことになる。[15]

そうした流れの先に描かれているのが、都市中心部に住民と社会資源を集中させる、いわゆる「コンパクトシティ」構想である。これもまた、ＮＰＭと並んで最近、地方自治体でよく聞くようになった言葉である。しかし、このコンパクトシティに関する議論では、国内で農村がこれまで果たしてきたさまざまな役割が無視されている。すなわち地方農村で都市住民への食糧供給ばかりでなく、里山の維持・管理、河川環境の維持などがおこなわれなくなれば、水害や地滑りなどの災害の危険性が増すばかりか、これまで人間と共存して成り立っていた自然環境そのものが崩壊し、生態学的な問題を引き起こしかねないことが、まったく考慮されていないのである（たとえば植林や棚田が果たしてきた防災的・生態学的・文化的機能が完全に無視されている）。実際、筆者がみるかぎり、ＮＰＭ改革やコンパクトシティを賛美する多くの論文や著作、報告書においては、地域間競争や都市部への人口集約の果てにどのような帰結が待ち受けているのかについては一切触れられていない。その意味でも、ＮＰＭ改革が大局的かつ長期的な視野に立ったものではなく、さらに地球規模での見通し――というのも、ＮＰＭ改革は国内ばかりでなく世界的現象だからである――に立ったものでもないことは、明らかであるように思われる。

　他にも問題は多々ある――とりわけ首長とトップダウン式運営の問題――のだが、ここでは地方自治体のＮＰＭ改革において、住民は「顧客」と位置づけながらも、他方では「下請け労働者」として自発的に新たな官僚制へ組み込まれる側面があること、そして住民どうしの競争によって、住民間の関係（とりわけ農村と都心部）のあいだの亀裂が深まりつつあること、さらにＮＰＭ改革が地域間競争を背景に広まり、それを煽り立てるものでありながら、その競争の先にどのような世界像が描かれるのかをまったく想定していないこと、を指摘するにとどめておく。

近代市民社会の一大転換点――社会契約説との関連から

これまでの議論を振り返ってみると、現在進行中のＮＰＭ改革において（またコンパクトシティの議論においても）、市民社会についてきわめて特徴的な観点があることが見て取れる。それは、ＮＰＭ改革が住民を「顧客」とみなすことに示されるように、住民を「住む」ことにかんして「消費者」とみなすこと、言い換えると住民がいつでも移動可能な状況にあると前提していることである。ようするに、それは地域共同体、とりわけ農村の地域共同体をほとんど念頭に置いておらず、共同体とは無縁の、都市におけるバラバラの個人を念頭に置いているのである。したがって、その施策は地域共同体の存続という問題をほとんど考慮しないまま、人口の多い地域に予算や資源を集中的に配分し、人口の少ない地域は自助努力（自己責任）に任せる、というものになりやすい。

たしかにマクドナルドのような利益追求を目的とする民間企業であれば、過疎化した農村の店舗を採算に合わないので閉鎖することは、まったく当然のことである。しかし公共団体である地方自治体が、人口の減った農村部の学校や病院などの住民生活に欠かせない基盤を「コストに見合わない」と言って閉鎖することは、はたして当然のことなのだろうか？

ここで筆者が指摘したいのは、第一に社会契約説との関連である。近代初期の社会契約説のうち、フランス革命をはじめとする近代市民国家の成立、とりわけ福祉国家の成立に大きな影響を与えたのは、ルソーの社会契約説である。その議論は、バラバラの個人が互いに競争する状態を止めるために、すべての個人が互いの生命を保障する契約を結ぶことから始まる。つまり、成員の誰か一人でもその生存が脅かされる状況になれば全員が助ける、という契約である。したがって、それは自己責任という名目で放置されるべきとはみなされないのである。また、その契約において全員の一致した意志は「一般意志」と呼ばれ、その一般意志を実現するために首長が選ばれ、「自治」が可能になるわけだが、この自治は民主的な手続きによって確認された「全体意志」にもとづいて統治行為をおこなうとされる。ここで注意しておくべきことは、全体意志は、かならずしも全員一致の意志とは限らず、また一般意志と一致するとも限らない、という点である。つまり、その社会の大多数（ときに全員）が一般意志に反した政策を支持することもありえるからであり、首長が全体意志をでっちあげることもありえるからである。

しかし、市民を「顧客」とみなすＮＰＭ改革の理論においては、こうしたルソー的な社会契約説の前提はまったく放棄されている。むしろ新自由主義的な個人主義（自己責任論）と市場、「小さな国家」への信奉が、社会契約と自治体、国家に取って代わっている。また、強力なリーダーシップをもつ首長を要求し、首長を全体意志の体現者とみなすことで、一般意志と全体意志の区別さえも破棄している。現在の国家では議会が全体意志を形成する場であり、憲法がルソーの一般意志に相当することを思い起こすと、それは議会制民主主義と憲法の形骸化を招くものと懸念されても不思議ではない。その意味でＮＰＭ改革は、先に引用した上山の「議会制民主主義と近代官僚制を修正し、ひょっとすると否定していく〝現象〟なのである」という主張の正しさを裏付けるものである。さらに言えば、それは社会契約と自治にもとづく近代民主主義社会のあり方を根底から修正するものであり、笠のいうように「二一世紀に先進各国の共通形態となるであろう国家形態」をもたらすとしたら――その可能性はおおいにある――、現在の状況は、思想史上ないし歴史上の大転換点を記すものと考えても、おおげさではないはずである。

というのも、従来の近代市民社会のモデルは、一般意思（憲法や市民憲章）によって全体意思（議会）の誤りを防ぐとともに、全体意思の代行者（首長と行政官僚）が暴走しないよう歯止めをかけるものである。つまり首長と行政官僚は、上（憲法）からと下（住民の代表である議員および議会）からの二重のチェックがかけられている。他方、ＮＰＭの行政組織の考え方では、迅速で効率的な運営ができるように、民間企業型のトップダウン式運営と、首長がリーダーシップを最大限に発揮できる状態が推奨される。これは企業社会にどっぷり浸かったサラリーマンには慣れ親しんだ図式である。したがって、都市化とサラリーマン化が進行した地域ほど、ＮＰＭ行政改革を支持する傾向が強くなることが推測される。

実際、近年の安倍政権や橋下府政にかんする世論の動向をみるかぎり、マスメディアと市民はますます行政組織を企業組織と同一視するようになり、首長を「社長」と同じような存在とみなしつつある。つまり行政組織のトップとして、スティーブ・ジョブズのような「金を稼いでくれるトップ」を求め、トップダウン式の運営を礼賛し、首長の活動を縛る議会や憲法を「邪魔もの」とみなすわけだが、それこそはＮＰＭの主張内容そのものである。いずれにせよ、このままＮＰＭ行政改革が進むと、それは市民社会も巻き込んだＮＰＭ市民社会をつくりだすことになるだろう。新しい自由主義（ネオリベラル）を達成するための手法として新しい公共（ニューパブリック）が提唱され、それが新しい市民社会――共同性をすっぽり欠いた個人の集まり――をつくりだすことになるわけだ（この問題については四章と五章を参照）。

このような市民社会の大転換が、いわゆる左派の思想においてさえほとんど問題とされない――戦前のファシズムへの回帰として問題とされることはあっても――のは、いったいどういうことなのだろうか？

「リベラル」に潜む問題

この問題について、筆者の私見を述べさせてもらうと、それは左派の「リベラル」な側面に由来する問題であるように思われる。上記で示したように、ＮＰＭ改革論者にせよ新自由主義者にせよ、その世界観は都市に生活するバラバラの個人を中心とするもので、地域共同体や農村共同体という観点がそこには欠如している点に特徴がある。それはアングロ・サクソン的なリベラリズム（自由主義）の特徴をなすもので、ＮＰＭ改革論者も新自由主義者も、この点においてはリベラリズムの継承者である。他方でコミュニズム（共産主義）やソシアリズム（社会主義）は、これも都市に生活するバラバラの個人（労働者）を前提とする点でリベラリズムと重なる点はあるが、ルソー的な社会契約説に由来する点で国家主義的であり、あるいは共同体的であることが、リベラリズムと大きく異なる点である。

　六八年にアメリカのカリフォルニアで起こった学生運動と同時期にヨーロッパで起こった学生運動は、戦前の全体主義の名残をとどめていた当時の国家への反抗（反国家主義）という点で歴史的文脈は重なるものの、その思想的前提は両者で大きく異なっている。しかし、国内でも欧米でも、当時はそのような思想的問題はほとんど意識されず、両者のあいだの矛盾を内包したまま、たんに「反国家主義」的心情を共通項として、あまり整理されることなく現在にいたっている。そして現在、ＮＰＭ改革が「リベラル」な主張――「行政を住民の手に取り戻す」「住民参加型自治」「自由民主主義の回復」等――を唱えて登場すると、「リベラル」な左派の人々は、それに反対するどころかむしろ歓迎する、あるいは違和感を覚えてもどう批判すべきかわからない、という状況にあるのではないだろうか。つまり、この数十年の新自由主義的改革の根底にある考え方が「リベラリズム」とほとんど地続きであることが、新自由主義改革への抵抗を減らしている、あるいはその改革を促進している原因なのではないだろうか。

5　おわりに――地域住民運動の可能性

以上、地方自治体において生じている問題を、とくにＮＰＭ改革に焦点を当てて長々と書いてきたが、その内容の多くは読者にとってまったく新鮮味がないどころか、「今さら何を言い出すのか」とお叱りを頂戴することになるかもしれない。そうであれば、それは筆者が行政学の素人であることに免じてご寛恕願いたい。ただし、たしかに筆者は行政学については門外漢であるが、それでも近年のＮＰＭ改革のさなかにある地方自治体の政策に異議申し立てをする住民運動に関わっていることから、現在の住民運動が抱える課題と可能性について、筆者の事例をつうじて話しておきたい。

筆者の住んでいる滋賀県大津市では、二〇一二年に当時現職の目片信（自民党）を破り、民主党などが支援する越直美が市長に就任した。それは、農村地域を多く抱える大津市において、議会の最大派閥で農村地域を地盤とし、公共事業に依拠する自民党の支配に対して、市民が「ノー」を突きつけた結果である。越市長は、ハーバード大ロースクールを卒業した俊英で、市政にさっそくＮＰＭ改革の手法を導入し、さまざまな改革をおこない、そのひとつとして公立幼稚園の統廃合の検討作業がおこなわれている。

筆者が住んでいるのは新興住宅地であるが、開発されて四〇年が経っており、住民の高齢化率（六五歳以上の人口比率）は四〇パーセントに達し、最近の都心回帰の影響もあって新住民も増えず、そのために幼稚園入学者が一ケタになることも珍しくなくなっている。そのため市の検討委員会でもその幼稚園が真っ先に統廃合の対象として挙げられた。大津市の場合、各学区に幼稚園と小学校が置かれ、その学区にあわせて自治会がつくられているので、幼稚園の閉鎖はそのまま小学校の閉鎖につながり、ひいては自治会と住民自治の解体につながることが懸念される。また幼稚園がなくなると、子育て世代の新住民の獲得も困難になることが予想される。そこで自治会長を中心に「まちづくり協議会」が結成され、地域存続のための検討チームがつくられるとともに、自治会をあげて幼稚園を存続させるための署名活動をおこない、それをもとに議会への誓願をおこなうことになった。

他方、過疎に悩む農村地域においても同様の動きがあり、二つの農村地域の自治会と協力して、三学区の自治会が合同で議会への誓願活動をおこなうことになった。しかし、誓願には紹介議員が必要であり、農村地域と筆者のいる新興住宅地のあいだで共通の議員を介することが難しくなり、結果として農村地域の二つの自治会は当該地域を地盤とする自民党会派をつうじて、筆者の地域は革新系の諸会派（共産党など）をつうじて、それぞれ別個に、ほぼ同じ内容の請願書を提出することになった。

ここで示したいのは、ＮＰＭ改革を進める地方自治体（とその首長）と、農村地域、そして筆者のいる都心回帰の流れのなかで「負け組」になった新興住宅地のあいだの政治的関係である。幼稚園の統廃合をはじめとするＮＰＭ改革は、人口が集中する都心部の住民にとっては、さほど問題にならないものである。問題になるのは、人口が減少する「負け組」の郊外地域の住民にとってであり、ずっと以前から過疎に悩む農村地域の住民にとってである。つまり、ＮＰＭ改革の犠牲者は、農村住民だけでなく都市住民にまで広がっている。そして、ＮＰＭ改革をめぐって、それを推進する市長に対して、通常は敵対している保守系会派と革新系会派がともに（互いに協力するかどうかは別として）対抗するという図式が生じている。いいかえれば、都市の共同体を基盤とする革新政党と、農村の共同体を基盤とする保守政党が、ＮＰＭ改革を「共同体の破壊」をもたらすものとして、同じ問題に直面している。

筆者としては、この点にこそＮＰＭ型自治体とその新たな官僚制のもたらす弊害に抵抗する軸があるのではないか、と考えたい。なぜなら、現時点でこそ保守と革新という議会における既存の対立軸に巻き込まれはするものの、都市と農村の対立を超えて、「共同体を守る」ことを共通の目的とする新たな政治的動きが、新自由主義的改革への対抗軸として実現可能な段階にきているように思われるからである。そして、広大な農村地域を抱える地方自治体は全国に数多く存在しており、筆者が述べた事例と同様の図式が現れていてもおかしくないからである。

第三部

「脱都市」と大学／文化

第三部「「脱都市」と大学／文化」は、二〇世紀末より進行する新自由主義的な大学改革の下で生じた諸問題とその背景を考察した三本の論考にくわえ、都市文化を扱った一本の論考からなる。ここでは第一部の環境問題や第二部の政治問題のような、社会一般で危機感が共有されている具体的な問題が扱われているわけではない。むしろ、それらの具体的な問題の背景にある知の構造、価値観やライフスタイルといった文化的領域に目を向けたものである。

本書で繰り返し述べているように、現在の地球規模の危機の根底には資本主義的・新自由主義的な「都市化」がある。そして危機の克服が「都市化」の克服と同義であるとしたら――つまり「脱都市化」に向かうことであるとしたら――、これまで長いあいだ都市化を支えてきた知の拠点としての大学が、また、これまで都市化に適合して発展してきた人々の価値観やライフスタイルが、根底から見直しと方向転換を求められることになる。しかし現状は逆に、市民社会は新自由主義的な消費文化への依存を高め、大学における研究も教育も新自由主義的な文化への適応の度合いを高めている。つまり、これまでの都市化に向かう方向性をさらに加速させる方向に向かっている。第三部に収録された論考に共通しているのは、そのような現状を批判し、その克服の道を探ることを主題にしたことである。

第七章「スラム化する大学」は、大学教育においてキャリア教育が導入され、就職予備校化が一気に加速した二〇一〇年春、政治思想誌の大学特集に寄せて書かれたものである。少々ショッキングなタイトルにしたのは、当時の大学の状況に心底うんざりしていたため（それでも現在よりまだマシな状況だったのだが）でもあり、また、執筆直前にマイク・デイヴィスの『スラムの惑星』の翻訳書が出版され、その内容におおいに刺激を受けたためでもある。筆者にとっては、本章で経済的な富／貧困と精神的な富／貧困の関係を考察したことが、後の一〇章の消費文化論、さらに第一部の都市文化と自然環境の関係の考察に向かう契機となった。

第八章「ネオリベラル・アーツ化する大学教育と「教養」の未来」は、前章の論考の少し前の二〇〇九年秋に、現代思想誌の大学特集のために書かれたものである。内容は、戦後日本の大学教育の核心にある教養教育に焦点を当て、その衰退と実用教育（キャリア教育）への再編の歴史を検討し、その社会的意味を考察したものである。執筆からすでに十年以上経ているが、その後の大学教育はこの論考で危惧したとおりの方向に進んでおり、現在も論旨を修正する必要がないのは、書き手としては喜ばしい反面、大学教員としては不幸であると思っている。タイトルの「ネオリベラル・アーツ」という言葉は、筆者としては現在の大学教育のあり方を的確に表現するよくできた駄洒落だと自負しており、全国の大学で流行語になるかと期待したのだが、残念ながらまったくそうならなかった。

第九章「青年期、大学、都市――ポストモラトリアム時代の大学」は、東日本大震災直後の二〇一一年秋に、先と同じ思想誌の大学特集に寄せて書かれたものである。ちょうど共同研究者と若者のモラトリアムをめぐる共著（『ポストモラトリアム時代の若者たち』世界思想社）に取り組んでいた時期であり、その著作のベースとなった論考である。先の二つの論考よりも、さらに文明史と思想史を強調した観点に立ち、そのため大学論と同時にルソー論としても読めるものになっている。

第十章「グローバルシティのサブカルチャー、思想、政治――〈内なる新自由主義〉に抗するために」は、二〇一四年初夏に政治思想誌のサブカルチャー特集のために書かれたものである。第八章で扱った大学における教養解体の現象を、広く社会全体の観点から捉え直し、都市化と新自由主義的グローバリゼーションを支える消費文化のあり方を考察する内容となっている。時事的な主題としては、同年二月に東京都知事選挙でいわゆる「ネトウヨ」の支持を受けた元空将の田母神俊雄が躍進して世間を驚かせた「田母神現象」に触れており、本稿では同様の現象がさらに広がることを予想したが、それも現在となっては当たり前のことになってしまった。むしろネットフリックスやユーチューブなどグローバルメディア産業が急速に普及した現在、地方に住む人々も含めて誰もが新自由主義的な「グローバルシティ」の文化に飲み込まれつつあり、本論で提起した問題は当時よりさらに深刻化していると考えられる。

第七章 スラム化する大学

にもかかわらずそれは、人類史上の分水嶺をなすものである。地球の都市人口が農村人口をはじめて凌駕するのだ。

——マイク・デイヴィス『スラムの惑星』[1]

1 都市の夢／都市の悪夢

大学の歴史は、ある意味では都市の歴史であり、また自由の歴史でもある。交易や土着的な信仰によって自然発生的にみられた古きアジールのかすかな記憶から、中世ヨーロッパで自由都市が姿を現したとき、都市生活者となった人々のあいだに自治と自由、そして知への欲求が形をとりはじめた。

そして中世に各地で生まれた大学は、すべての大学がそうではないにせよ、教会権力と王権のあいだでシビアな駆け引きをしつつ、自由な知的探索のために自治を求め、一種の「都市内自由都市」として発展していく[2]。近代になって王権社会が潰えた後も、大学は産業社会の発展を支えるとともに、都市住民を近代社会制度の担い手として育成するための啓蒙装置の役割を果たしてきた。ようするに大学は、都市の拡大——裏を返せば農村共同体の崩壊——を支えるとともに、都市のイデアとして、都市とともに歴史を歩んできたのである。

ところで都市は、いまや世界人口の半数を飲み込むまで拡大している。しかし、そのように都市が世界規模で拡大する裏側で、スラムもまた同じように拡大している。そこで人々は文化的にも経済的にも貧しい状況に放置され、日常的な暴力と飢餓、疾病に悩まされているにもかかわらず、人類はそれを止める有効な術をもたないまま、現在にいたっている。それどころか新自由主義体制の下で、かつてスラムを国内から第三世界へと追放しようとしてきた先進国にも、ふたたびスラムはさまざまな形で広がりつつある。

このように、都市の未来をつくりだす大学がいわば「都市の夢」であるとしたら、スラムはいわば「都市の悪夢」である。さらに大学は自由と自治、連帯の場所であり、逆にスラムはそれらを完全に剥奪された場所である。つまり大学とスラムは、相互に反対世界を映し出す鏡のような関係にある——しかし、それも過去の話である。都市にスラムが拡大するのと同じ論理によって、すでに大学からは自由も自治も連帯も失われつつあり、大学それじたいがある意味でスラムの似姿になりつつある。本稿では、乱暴な議論であることは百も承知のうえで、それでも現在の大学で生じている諸問題とそれに対する抵抗運動を「大学のスラム化」という観点から捉えることによって、大学が直面している課題を浮き彫りにし、都市と大学の未来を考えることにつなげたい。

2　都市化とスラムの拡大

「第二の波」の衝撃

すでに旧聞に属することだが、国連人口基金による二〇〇七年版の『世界人口白書』は、次のような書き出しで始まっている。

> 世界は二〇〇八年に、目には見えないながら、きわめて重大な局面を迎える。史上初めて、世界人口の半分以上にあたる三三億人が、都市部で生活することになるからである。二〇三〇年までには、この人数が、さらに約五〇億人にまで膨れ上がると見込まれている。新たに都市に住む人たちの多くは貧困層になるだろう。都市居住者の未来、開発途上国の都市の未来、人類そのものの未来はすべて、ひとえにこの都市人口の増加に備え、今どのような決断を下すかにかかっている[3]。

この白書は二〇〇八年を「都市化ミレニアム」と名付け、都市の人口爆発は懸念すべき問題であるが、それでも都市化のダイナミズムを活用すれば、途上国は産業を発展させることが可能であり、また世界規模で持続可能な発展を達成することが可能である、と主張している。そして急激に進行する世界規模の都市化現象を、同白書は「第二の波」と名付け、産業革命以後の一七五〇年から一九五〇年までの二世紀のあいだに先進諸国で生じた都市化の「第一の波」と区別して、次のような特徴を挙げている。

①都市化の規模と速度が「第一の波」をはるかに上回っていること。
②「第一の波」では、ヨーロッパからアメリカ大陸への大規模な移民が国内の人口増加の圧力を緩和させたが、「第二の波」では国際人口移動が規制されているため、国内の人口増加に対して移民の与える影響が小さいこと。
③医療・公衆衛生技術の向上によって死亡率が急速に低下していること。

こうした特徴はとくに目新しいものではなく、いまさら取り上げるまでもないだろう。それよりも白書が、いまや都市が農村に対して勝利し、農村が近い将来に消失することを、積極的に評価していることのほうが重要である。このような主張は、主として開発経済学の観点にもとづいており、新自由主義経済体制のもとで貧困が固定化されることを考慮していないことや、現在の世界がポストフォーディズム型の生産体制に変化していることを無視している点、さらに伝統的文化や農業のもつ重要性を考慮していない点……等々、懸念すべき点が多くある。とりわけ、現在の世界経済体制を前提にしつつ、スラム化を将来の世界経済の発展のための必要悪とみなすような主張や、都市化が環境問題や人権問題、格差問題の改善に役立つという主張を受け容れるには、多くの留保条件が必要であろう。

確かに、貧困、スラムの増加、社会の混乱は、現在、都市に集中しており、脅威を覚えるほどの様相を呈している。しかし、どの国も工業化の時代には、都市化なしに大きな経済発展を遂げることはできなかった。都市には貧困が集中しやすいが、貧困から抜け出す希望を最も確実に与えてくれるのも都市なのである[4]。

このような主張には賛同できる部分もあるとはいえ、「第一の波」におけるスラムが産業化の推進によって消失させることが可能であったからといって、現在の「第二の波」におけるスラムが同じプロセスで消失するとは、とても考えられない。現代世界の産業構造や国際政治力学は、「第一の波」の時代から大きく変化している。そもそも先進国におけるスラムの拡大それ自体が、産業発展と市場領域の拡大と結びついたものである。白書が「開発途上国の都市で、増加する人口の受容に見合う十分な職を提供できるところはほとんどない[5]」というのは事実であろう。しかし、人口が減少傾向にある先進国の都市でさえ十分な職を提供できないことは、いったいどのように説明されるのだろうか？　そのような現象は、先進諸国の第三次産業の拡大やポストフォーディズム化といった産業構造そのものの変化が、世界規模で労働市場の内実を変容させ、「脱工業化」や「労働の終焉」という事態を引き起こしていることを考慮しなければ、正しく理解することができない。

たとえば社会学者の佐藤彰男は、バングラデシュのスラムの現地調査を重ねたうえで、多くの途上国が工業化の段階でつまづきをみせている理由として、次のように説明している。

> その理由のひとつは、先進諸国が工業化に着手した時点と現代では全く状況が異なるからである。たとえば日本の場合、工業化の初期における主な輸出品のひとつは生糸であり、外貨獲得の柱であった。現在のバングラデシュの主要な輸出品は同じく繊維製品（ジュート）であるが、そのような工業的付加価値が低い製品は、現在の国際市場では手ひどく買いたたかれる…（略）…他方、本当に利益が大きい情報通信やバイオテクノロジー関連などの新技術を開発することは、到底困難である。バングラデシュでも最近は携帯電話がさかんに利用されているが、それらは一台の例外もなく輸入品で、国内では組み立て作業すら行われていない。もともと開発が難しい先端技術を先進諸国が独占する状況下にあって、途上国が産業面で追いつくことはますます難しくなっている。[6]

経済的貧困と文化的貧困――二つのスラム化

　さらにスラムに関していえば、現在でさえ「都市居住者の三人に一人がスラム居住者であり、その数は世界人口の六分の一にあたる一〇億人にものぼる」[7]のだが、同白書が第三世界の人口爆発を主たる問題としているために、スラムを物質的基盤の欠如の問題としてしか捉えていないことも、仕方のないこととはいえ不満を感じる点である。というのも、白書がスラム化を物質的条件の問題として定義する以上、それは個人主義の広まりと経済発展によって解決するという結論になるのは当然である。しかし、実際にスラム化が抱えている問題には、社会的信頼関係の欠如や犯罪、自殺など、明らかに精神的・文化的次元の問題も大きな位置を占めているのだ。

　マイク・デイヴィスが指摘するように、第三世界のスラム地域では、イスラム教ポピュリズムやキリスト教ペンテコステ派など、新興宗教が猛烈な勢いで広まっている。とりわけペンテコステ派は「近代都市のスラムが土壌になって成長した最初の世界宗教」[8]として、かつての共産主義や無政府主義の代替物となっている。社会主義やマルクス主義は、二〇世紀初期に先進国の貧困層に訴えかけた力の多くを、もはや失っている――「実際、少なくとも今のところは、マルクスは歴史段階をムハンマドと聖霊に譲り渡している。神が産業革命の都市で死んだとすれば、神は途上国のポスト工業世界の都市で復活したのだ」[9]。

　このような新興宗教の拡大という精神的・文化的次元に属する現象は、経済的貧困がもたらす精神的・文化的破壊に対する防衛として生じたものであるとしても、経済的発展によって消失するものとは思われない。というのも、そこにあるのは経済的な豊かさに支えられない文化であり、経済的発展から見放された人々の文化だからである。「第三世界の社会病理は産業化による経済発展や、職業教育や人権教育などの啓蒙活動と人材開発によって解決する」と開発経済学がどれほど声高く主張しようと、それが精神的・文化的次元の問題を経済的次元の問題にすり替えてごまかしているにすぎないことは、世界でもっとも豊かな国家であるアメリカ合衆国の異常なまでの犯罪率の高さをみれば、まったく明らかだろう[10]。

　あらためて述べるのも恥ずかしいくらい当然のことなのだが、経済的貧困はかならずしも文化的貧困ではない。経済的・物質的基準ではスラムとみなされる地域が、現実には活発な文化活動をしていることによって、人々からスラムと呼ばれないことは、けっして珍しくない。逆に、経済的に豊かな富裕層の住宅街が、たとえ消費文化において豊かであっても、人間的紐帯や精神的幸福といった人間社会にとって基盤となる文化資本をかぎりなく欠いていることも、同じように珍しくない。前者が経済的スラムであるとしたら、後者は文化的スラム（あるいは精神的スラム）なのである。この二つのスラム化は、互いに対立することもあれば、両立することもある。それでも、両者がともに世界の近代化の過程で生じた問題であることと、一方を解決することで他方が自動的に解決するわけがないことは、いずれも明白である。むしろ近代の産業社会が、伝統的文化・社会・自然資源の経済資本への転換と収奪によって達成されていることを考えれば、文化的・社会的・自然環境的な領域の問題を経済的手段によって解決しようとすることは、それらの領域にさらなる収奪と深刻な危機をもたらしかねないだろう。

都市の歴史の曲がり角——空虚感の中身

スラムを物質的基盤からのみを問題とするかぎり、私たちは国連人口基金や開発経済学者たち、あるいは古いマルクス主義者と同じように、第三世界の経済的格差と平等、権利をめぐる議論に閉じ込められてしまう。しかし、スラムを精神的・文化的基盤から問題にするとき、私たちは第三世界のみならず、先進諸国の社会的領域の諸問題、さらには個人の精神的領域で生じている諸問題にまで踏み込むことができるようになる。

たとえば先進諸国における社会的排除の象徴的事例とされているゲーティド・コミュニティ（貧困層が入らないようにするためにゲートで囲まれた富裕層の住宅地）で、裕福な人々が経済的スラムの影響を避けようとして、住居の周囲にゲートを張り巡らせ、自分たちの資産をどれほど守ろうとしたところで、彼らが周囲の壁を高くすればするほど、その内部では社会紐帯の基盤となる文化が失われ、そのために彼らの精神世界は空虚によって支配されるようになり、精神的・文化的スラム化が進行していく。というのも、経済的スラムの人々を同じ人間として受け入れることを拒否し、排除することは、人間の精神の奥底にある根本的な社会紐帯を捨て去ってしまうことだからである（このことは、国外の戦争に赴いて敵兵を殺すことに躊躇しなくなった兵士が、帰国してから精神的に深刻な障害によって社会復帰ができなくなるという多くの事例に示されている。精神分析理論では、人間は無意識のうちに他者と自己を同一化しており、他者を排除することは無意識のなかで大きな罪責感となり、その後のさまざまな社会関係に障害を与えることは、常識に属している事柄である）。ときに、そうした空虚に飲み込まれた人間は、あたかも悪霊に取り憑かれたかのように、自分の周囲の人々を無差別に攻撃するか、あるいは自分自身に攻撃を向けるだろう。こうした犯罪や自殺は、一般に、経済的格差の問題や家族関係など個人心理の問題として解釈されている。しかし、経済的に裕福な先進諸国でしばしば起こる非合理的な破壊行為や心理的疾患は、経済的領域や個人心理的領域の問題である以上に、社会的紐帯の基盤となる文化の問題であり、フェリックス・ガタリの言葉でいえば（集合的かつ動的に編成される前個人的な）「主観性」[11]の問題なのである。

　第三世界のスラムの住民からは信じられないほど裕福な先進諸国に住んでいる私たちにとって、通常、第三世界で起こる出来事は他人事にすぎない。しかし、そのように無関心な私たちの社会の奥底には、そして私たちの精神の奥底には、別のスラムが広がっている。そのスラムは、世界規模で広がる物質的・経済的スラムの精神的・文化的等価物である。というのも私たち人間は、近代経済学が想定しているような利己的個人でもなければ、近代の哲学者たちが理想化したような自律的個人でもなく、むしろ互いに心のどこかの部分で他者と結ばれ、精神的紐帯と相互作用のネットワークによって全体世界を構成する、いわば「集合的個人」だからである。いいかえれば、社会を構成する人間は、切り離されてバラバラになっている原子（アトム）ではなく、ライプニッツが主張したようなモナド――すべてがネットワークで結ばれ、つねに個と全体が反映しあっている――だからである。[12]

　しかし近代化の論理と市場の論理は、そのような紐帯で結ばれているモナド（集合的個人）を全体のネットワークから切り離し、ばらばらのアトム（自律的／自己保存的個人）に還元する。その紐帯からなる世界から切り離される苦痛こそは、一方では第三世界の経済的スラムにおける人々を襲う物理的苦痛であり、他方では先進諸国の裕福な人々が空虚感を抱くときの精神的苦痛の内実である。そのかぎりにおいて、先進諸国の人々に広がる憂うつや破壊衝動は、いわば、第三世界の人々があげる苦しみの叫びの遠い反響である。あるいはむしろ、先進諸国の精神世界と途上国の物質世界におけるそれらの現象は、スピノザ的な心身並行論から捉えられるべき「並行現象」なのである。

いずれにせよ、もはや都市は世界全体を飲み込もうとしている。しかし、現在の都市で生じている問題は、近代の抱えている矛盾を浮き彫りにしており、これまで都市を支えてきたさまざまなシステムや価値が根底から崩れつつあることを示している。このような都市の歴史の大きな曲がり角で、都市のイデアそのものである大学では、いったいどのようなことが起こっているのだろうか？

3　スラム化する大学

市場に飲み込まれる大学

大学が統合された「ユニバーシティ（Universtiy）」であることを止め、バラバラに分裂した「マルチバーシティ（Multiversity）」になって久しい。マルチバーシティというのは、六〇年代に元カリフォルニア大学バークレイ校の学長のクラーク・カーが「大学はもはや一般民衆に理解できるような統一性を捨て、企業や市民社会のさまざまな要求に応えるサービスセンターになるべきだ」と主張した著作のなかで、多様なニーズに応じて多角化していく大学像を指した言葉なのだが、一般には巨大な「マンモス大学」を指す言葉として使われている。実際、国内では六〇年代の高度経済成長と大学進学者の増加にともない、多くの大学がやみくもに学部を増設し、マンモス大学への道を歩むことになった。それは、一方では大学が教育・研究の統一性を失い、総合知としての「教養」が捨て去られていくプロセスであり、他方では大学が経済市場への従属の度合いを高めていくプロセスでもあった[13]。

　そして八〇年代以降、第三次産業が拡大し、第二次産業の重要性が相対的に低下するにともない、「知識基盤社会」の担い手である大学はさらなる多角化を進め、それに対応して学問領域でも多元化と細分化が進行する。他方で、新自由主義的なグローバリゼーションが進むとともに、公教育機関としての大学も市場競争に巻き込まれ、大学も大学人も、さらには学問世界も、みずからの市場価値を高めることに腐心するようになり、市場社会から評価されることが最大の目標となった。そして教員組織は、教育と研究の効果を上げ、市場価値を高めるためのＦＤ（Faculty Development＝教授団の資質開発）を強いられている。くわえて今世紀に入って少子化が深刻になると、大学は受験市場から評価されるための「改革」に没頭するようになる。

　研究面では、とりわけ産業界と結びつきやすい理科系の学問領域は、学問的評価がそのまま経済的利益につながりやすいため、学問上の競争そのものが市場競争と同義となり、研究室はあたかも営利企業のような様相を呈するようになった。他方で産業と結びつかない学問領域、とりわけ人文学は、その「有用性」を疑われるようになり、とりわけ教養部の人文系教員は、教養不要論と人文学不要論という二重の排除的論理によって、大学内での孤立の度合いを深めている。

そのような流れのなかで、いまや大学組織の統一性が失われただけではなく、学問領域や研究者のあいだのつながりも失われてしまった。大学内では各学部ごとに利害を追求するようになり、学会は大学院生の就職のための発表会あるいは論文競争の場としての色合いを強め、大学教員は学会の有力者や学内の権力者による評価ばかりを気にするようになった。かつて「良識の府」と呼ばれたはずの大学では、いまや「良識」に代わって、大学の外部の市場（あるいは学会）の「評価」が大学と大学人の振る舞いを決めるようになったのである。それは、大学や学問領域の共同体を成り立たせる基盤としての「文化」が失われ、経済的評価に置き換えられてしまったことを意味する。いわば大学世界それ自体のうちに、先に述べた精神的・文化的な意味での「スラム」が広がりつつあるのだ。

学生文化の崩壊とその病理――大学で起こっていること

このような精神的・文化的崩壊に直面しているのは、大学教員や研究者ばかりではない。それが先進諸国の社会全体を覆うプロセスである以上、学生もまた同じような精神的・文化的崩壊に直面している。現在の大学では、うつ病やノイローゼ、自傷、摂食障害、引きこもりなどのメンタルヘルスの問題を抱える学生の割合は増える一方で、心理相談室が悲鳴の声を上げるほどである。さらに大学によっては、学生のドラッグ使用や暴力事件に悩まされているところもある。[14]

しかし、そのような明らかな障害や問題を抱える学生だけでなく、健全にみえる学生でさえ、対人コミュニケーションの問題を抱えている者は多いように思われる。筆者の経験でも、社交的で活発な学生生活を送っているように思われる女子学生から両親の離婚の相談を受けたとき、なぜ友人と相談しないのかを不思議に思って尋ねたところ、「こんな重たい話題を友達に話したら避けられてしまう」という答えが返ってきたことがある。後に、彼女のような回答をどう思うかを他の学生たちに尋ねてみたら、「私も友達にはそんなことを話せない」と彼女に同意する学生がけっこうな割合で存在することを知り、さらに驚かされた。ここで言いたいのは、文科省や産業界が主張するような「コミュニケーション能力」の問題のことではない。というのも、彼／彼女らは、十分に社交的で、意思疎通もしっかりとしており、コミュニケーション能力も高いからである。そうではなく、彼／彼女たちの共同性をつくりだす基盤となるはずの学生文化が失われていることが問題なのだ。

実際、大学においてもサークル活動はかつての活気を失い、学生たちはバイトにいそしむにせよ自宅でゲームに没頭するにせよ、いずれにしても学生たちを結びつける文化はなくなり、そのぶん労働／消費という経済的領域の活動に組み込まれて学生生活を過ごすようになった。また大学への出席率も異様なほど高まり、学生は成績評価をかつてないほど気にするようになった。このような学生文化の喪失は、メンタルヘルスの問題のある／なしにかかわらず、多くの学生に共通の問題であり、彼らから「モラトリアム」と「人間形成」のための時間と場所が失われていることを意味する。第三世界のスラムと同様、現在はいつ学生のあいだに新興宗教（あるいはドラッグ）が大流行しても、おかしくない状況なのかもしれない。

リベラル・アーツからネオリベラル・アーツへ

大学において解体した「教養」に代わって、新たに比重を占めるようになったのが、実用的で就職に役立つ（と宣伝される）ような教育科目である。それは、かつての自由人をつくる文化的な「リベラル・アーツ（解放の技術）」ではなく、産業界に従属する労働者をつくりだすための功利的な「ネオリベラル・アーツ（新自由主義時代の技術）」と呼ぶべきものである。[15] すなわち就職率の向上を目的とした実用英語や情報処理技術、さらには「もてなしの心（ホスピタリティ）」や「就職活動の心得」などの「キャリア教育」と呼ばれる、体系性をもたない科目群である。そのなかには学問というより、訓話や説教に近いような授業も展開されている。

このような科目は、精神障害者や受刑者向けに心理学者たちが開発したソーシャル・スキル・トレーニング（ＳＳＴ）に近いものであり、いわば産業版ＳＳＴと呼べるものである。しかし、それより近いのは、途上国のスラム地域で人材開発の名目でおこなわれている貧困者向けの職業訓練であろう。両者の違いは、途上国の職業訓練が第二次産業を対象としているのに対して、大学でおこなわれる教育が主として第三次産業を対象としていることである。それでも、社会生活の基盤となる文化を捨て去るか、あるいはその文化を経済的領域へと転換することによって（「おもてなしの心」）、自己の市場価値を高めることを目的としている点で、両者は同一のものである。[16]

こうしたことは、大学で生じている多くの問題のほんの一部にすぎない。それでも、ここで述べたことを整理するなら、①大学から「統一」と「良識」が失われて「市場評価」がそれらに代わり、②教員・研究者からは「紐帯」と「研究者共同体」が失われて「業績評価」あるいは「人事評価」がそれらに代わり、③学生からは「学生文化」と「人間形成の場」が失われて「成績評価（出席率）」と「アルバイト」がそれらに代わり、④大学教育のカリキュラムからは「教養」と「人間形成」が失われて「就職教育」と「人材開発」がそれに代わった——これらの変化は、それぞれ領域を異にしているものの、明らかに同一の出来事を指している。すなわち市場価値を上げるために、共同性を支える文化が失われ、組織全体も構成員どうしの関係もバラバラになったのである。

大学も教員も学生も、あたかも近世のプロテスタントのように、大学共同体の集合的個人であることを止め、ただ一人の個として「市場」から評価され、成功が約束されることを祈りつづけている。しかし最初に述べたように、一方では大学が都市のイデアであり、他方でいまや世界全体が都市化していることを考えれば、大学もまた世界全体を反映するモナドとみなすことができるだろう。そうであれば、大学共同体の文化を捨てて個として市場を崇めることは、世界全体から切り離されることと変わらない。そのような大学や教員や学生は、逆に世界共同体の集合的個（人）になることを選ばないかぎり、この世界の未来にどのような意味をもつことができるというのだろうか？

4　抵抗運動と大学の未来

「教育は売り物じゃない」——市場化する大学への反乱

　ＥＵの産業競争力の強化を図ることを暗黙の目的として、ＥＵの大学への市場原理の導入と教育課程の標準化を推進するために、ボローニャ・プロセスが開始（一九九九年）されて十年以上が経った。しかし、その大学改革に対して、各地でさまざまな反対や抵抗の運動が広がりつつある。すでに二〇〇九年七月にイタリアのトリノで開かれた第二回「大学サミット」の会場の外側には、一万人以上の群衆が集まり抗議活動を繰り広げた[17]。同年末のフンボルト大学では、大学改革に抗議するために講堂占拠がおこなわれ、アメリカではバークレー校を中心に、学費値上げに反対して現在でも過激な抗議活動がつづいている。またイギリスでは「教育は売り物じゃない（Education is not for sale）」をスローガンとして掲げた反対運動が広がっている。いずれにしても、市民育成のための公的手段であったはずの大学教育が、いまや第三次産業化し、国営サービス業者に変貌しようとする事態に対して、学生や教員、市民、ひいては一部の産業界までもが抵抗しているのである。

　国内でも国立大学の独立行政法人化を機に、大学改革に対する批判や抵抗運動が、人文学の領域の研究者を中心にしだいに広がりつつある。それらの批判や抵抗の論点や方法はさまざまであるにせよ、現在の危機的状況のなかで、大学の制度的枠組みや個々の大学の事情を超えて、「大学とは何か」という問題が問われていることと、異なる学問領域の研究者たちのネットワークをつうじて新たな知的共同体の基盤となる文化をつくろうとしていることに、共通の大きな特徴がある。

ちなみに筆者の勤務する大学でも、大学当局がトップマネジメントと経営戦略の強化を中心とする改革案を提起したことに対して、学内の民主的運営を支えていた文化の衰退と教員組織の分断に危機感を覚えた一部の教員たちが、学部の壁を越えてネットワークを構成し、学内事情や利害を超えて「大学の未来」を考えるために、今年一月中旬に「龍谷大学の未来を考える有志の会」を結成した。現在のところ、まだ学内の問題を批判的に検討する集会にとどまっているが、それでも議論をつうじて将来の大学のあるべき姿を共同で考える場所がつくられことは、教職員に対して失われた「良識」と「文化」を取り戻し、大学の新たな自治と公共性のあり方を考えるためのよい機会を与えている。[18]

大学の再生のために――スラムの廃墟から

国連人口基金が「都市化ミレニアム」と呼ぶ状況が、都市の農村に対する勝利ではあっても、知の守護者である大学の野蛮と暴力に対する勝利を意味しているとは、筆者にはとうてい思われない。というのも、これまで述べてきたように、近代の先進諸国の大学は、世界の都市化を推進すると同時に、その経済的スラム化も推進してきたのであり、そのことによってみずからが文化的スラム化に陥っているからである。逆にいえば、大学の文化的スラム化を食い止めることは、第三世界のスラム化を推し進める論理を食い止めることと裏表一体の関係にある。しかし、その状況はあまりに厳しいというのが実情だろう。それには多くの理由があるが、大学の理念にかかわる問題のうち、筆者にとって重要と思われる点に絞って、できるかぎり単純化して説明してみたい。

近代社会のさまざまな価値のなかでも、一方で自由や平等、民主主義などの社会的価値は、大陸思想に特徴づけられる自律的個人を前提とする。他方で近代の市場経済および経済学は、イギリス流の自己保存的な個人を前提とする。「自律的個人」にせよ「功利的個人」にせよ、いずれも自然発生的共同体の基盤となる文化から切り離された「原子（アトム）」としての個人であり、それから切り離されない「モナド」としての「自然的個人＝集合的個人」ではない。そして、自律的個人と功利的個人の両者は民主主義的な資本主義体制において、ときに部分的に対立しながらも（福祉国家）、しばしば見分けがつかないほど密接に結びつくことになる（自由主義国家）。

しかし当然ながら、自律的個人も功利的個人も人為的なフィクションであり、現実には自己だけで存在することができないので、前者は自己の自律の程度を確認するために、後者は搾取の対象とするために、他者を必要とする。その他者とされる自然的個人は、ときに自律性を欠いた危険で野蛮な存在として、ときに従順で蒙昧な労働力や購買層として、自然的個人の物理的環境である自然環境とともに、その人間性（人間的自然）そのものが馴化（啓蒙）と搾取の対象となる。近代の啓蒙機関である大学と知的世界は、その馴化と搾取の推進機関として、とくに社会科学の領域では経済学や社会学、教育学などをつうじて、その機能を拡大してきた。それこそはアドルノ／ホルクハイマーが『啓蒙の弁証法』[19]で指摘した啓蒙の野蛮な機能であり、現在もその機能はあいかわらず作動している。他方で、馴化と搾取の対象としての自然性と自然的個人については、大学世界では人文学の領域で細々と生き残ったものの、その生命はいまや風前の灯火である。

地球規模の都市化とそれにともなう諸問題の解決にかんする学として、とくに中心となっているのは開発経済学と政策科学であろう。両者はグローバル資本主義体制のなかで権力機構と結びつきつつ、互いに補完的な役割を果たしあっており、「持続可能な開発（ようするに永遠の馴化と搾取）」と治安維持のために、旧来の社会科学を手足のように使いこなそうとしている。近代社会の理念の枠内で発展した社会科学の領域は、たとえみずからが開発の対象となって搾取されようと、その指令に対して嫌でも協力せざるをえない[20]。そこでは啓蒙と搾取が一体化しているのである（たとえば「人材開発」）。

それでも、あえて負け犬の遠吠えになるかもしれないことを承知のうえで言えば、大学の文化的スラム化を食い止め、世界の経済的スラム化を食い止めるには、まずもって知的世界で集合的個人を成り立たせる新たな文化的基盤をつくる以外にないし、そのことを正面から扱うことのできる学問的領域は、さしあたり人文学しかない。「さしあたり」というのは、そのような人文学（humanities）の内実は、おそらく近代のそれとは異なるものになるはずだからであり、そこで提示される人間性（humanity）もまた同様だからである。

知的領域が実在世界の反映物であるとしたら、その知が過去にかんする蓄積としての知であれ、現在にかんする直観的な知であれ、未来にかんする創造的な知であれ、それを「記憶」と呼んでも差し支えないだろう。近代の人文学が「人間世界の記憶」であったとしたら、地球規模の課題に対応する新たな人文学、いいかえれば地球規模の課題に対応する無数の異質な学問領域を結びつけ、その共同性の基盤となる教養は、いわば「地球の記憶」と呼ぶべきものなのだろう。[21] そこで人間は、他の物質や生命体と同じように、独自の仕方で地球全体の記憶を宿した集合的存在、すなわち「地球のモナド」とみなされるだろう。また人間たちの住処もまた「地球のモナド」となることが可能なのであれば、それは「都市」に代わる新たな住処として、人類に目指すべき場所を示してくれるのではないだろうか。そこにいたるための知こそは、スラムで経済的貧困にあえぎ、さらに文化的貧困によって、物質的にも精神的にも自己を支えられなくなりながらも、ドラッグや犯罪に手を染めようとしない人々の魂に訴えている新興宗教に代わって、それと同じかそれ以上の深さと広がりをもって未来の世界を導く知であり、物質世界と精神世界を統合する知として、次の時代の大学の魂となるのではないだろうか。[22]

精神と物質という二つの実体はただひとつの実体に還元され、両者は精神のうちに融合される。[23]

第八章
ネオリベラル・アーツ化する大学教育と「教養」の未来

私をもっとも落胆させた話は、アイビーリーグの大学のひとつにかんするものだった……学生定員を大幅に上回っていた別のコースは、次年度以降のさまざまな計画の促進を約束された。そのコースのシラバスをみると、まるでニュー・エイジ風のマニュアルのように「人生の真実」やら「生と真実」といった題目が並んでおり、大学側も国際的な評価はほとんど期待していないようであった。私たちの大学では、数字だけが一人歩きしているのだ。

高等教育は、いまや管理者たちの意のままとなった。もちろん、私たちは知っている――その管理者たちは、社会的・経済的なマネージャーの仕事をするだけであり、彼らは超国家企業の世界から与えられた至上の権威をふるうだけだということを。私たちはいつ反撃するべきだろうか？そして、どのように――デイトンやオハイオの労働者たち、そして大学の労働者である私たちは

――同盟を結ぶべきだろうか？

――マサオ・ミヨシ「グローバリゼーション[1]」

上記二つの引用は、一九九七年頃のアメリカで進行した大学の産業化について、マサオ・ミヨシが分析した論文からのものである。そこでは超国家企業と大学との結びつきが批判されるとともに、新自由主義的な大学改革と非見識な評価制度の導入によって、アメリカの大学の研究と教育が大混乱に陥っている様子が生々しく記されている。大学は露骨な経済的論理によってトップダウン式に運営されるようになり、学生数が少ない学部・学科は閉鎖され、授業はエンターテインメント化し、カネが儲かる学問や学部に大きな権限が与えられ、社会に対して啓蒙的な役割を果たすことは放棄され、それどころか大衆にこびへつらう悪しきポピュリズムが跋扈するようになった――このようなプロセスを分析した彼の論文は、その一〇年後の日本の大学で起こっている現在の混乱状況を正確に予言していたかのような印象を受ける。

もちろん詳細に比較してみると、日本の大学改革とアメリカと大学改革では異なる点も多くあるし、また現在ヨーロッパで進行している大学改革とのあいだにも相違点がいくつもある。それでも、先進諸国の大学改革で明らかに共通しているのは、市場原理にもとづいた大学の企業化であり、財政支出と結びついた評価制度の導入を通じた政府による大学管理の強化であり、国内外の学生獲得競争を促進することであり……ようするに、それは新自由主義的な市場原理主義にもとづく大学改革なのである。

筆者は、こうした新自由主義的大学改革における大学教育のあり方を皮肉を交えて「ネオリベラル・アーツ」――「教養教育《リベラルアーツ》」と文科省が提唱する「新しい教養教育」をひっかけた洒落――と呼び、大学が「新自由主義《ネオリベラル》の技術《アーツ》」の教育機関に変容しつつあると考えている。[2] 以下、この観点について説明し、大学教育の未来を考えてみたい。

1　ネオリベラル・アーツへの道――「学士力」と「新しい教養」

最初に大学教育をめぐる改革について、これまでの流れをかんたんに振り返ってみたい。

戦後に導入された一般教育（教養教育）課程は、戦前の大学のあり方への反省にもとづいてアメリカの大学教育におけるリベラルアーツを参考にしたものであったが、産業界も市民社会も、さらには教員たちも、その意義をあまり認めることのないまま、「パンキョウ」と呼ばれて蔑視されつづけた。というのも、フォーディズム型の工業化が進行していた当時には、理工系の専門技術者が求められ、文系には定型的なホワイトカラー労働者であることしか求められなかったためである。

しかし、経済のグローバル化とポストフォーディズム化が進展しつつあった八〇年代終わりになると、産業界が求める人物像は「独創性と創造性をそなえた幅広い教養をもつ国際人」へと大きく変わる。その変化に合わせるかのように、大学教育の規制緩和と自由化が謳われるようになり、市場原理にもとづく大学間競争が奨励されるようになった。その流れのなかで、大学審議会による答申「大学教育の改善について」（一九九一年）が提出され、続いて大学設置基準が改正される。これがいわゆる「大綱化」である。その具体的内容は、①教養教育と専門教育の区分廃止、②教養教育における科目区分廃止を求めるもので、各大学は四年間の学士課程を自由に構築することができる代わりに、自主的な点検と評価が求められるようになった。しかし産業界が幅広い教養教育を求めたのにたいして、大学の側は専門教育のなかに教養教育を吸収したり、教養教育部門を専門教育部門として独立させたりして対処したため、多くの大学で教養教育の運営体制が崩壊することになった。

　こうした大綱化以後の大学における教養教育軽視の動きに対して、産業界は盛んに批判するようになるとともに、新自由主義時代のポストフォーディズム社会に要求される資質を「主体的に行動し自己責任の観念に富んだ創造力あふれる人材[3]」として定式化していく。そして二〇〇二年には中央教育審議会（以下、中教審）による「新しい時代における教養教育の在り方について」において、「新しい教養」が提唱されるにいたる。そこで提唱されている内容のキーワードを抜き出してみると、①主体性・自律・創造性・想像力、②異文化理解と語学能力、③科学技術にかんする理解と倫理的判断力、④国語力、⑤礼儀作法と身体的修養――以上の五点に集約される。

　その後、二〇〇八年の中教審の答申では、「新しい教養」がさらに細分化された形で提示され、大学における教養教育の軽視がさらに批判されることになった。その答申で教養教育に求められる内容は「学士力」と名付けられ、表8-1[4]に示される。

表 8-1　各専攻分野を通じて培う「学士力（仮称）」

1. 知識・理解	専攻する特定の学問分野における基本的な知識を体系的に理解するとともに、その知識体系の意味と自己の存在を歴史・社会・自然と関連付けて理解する。 (1) 多文化・異文化に関する知識の理解 (2) 人類の文化、社会と自然に関する知識の理解
2. 汎用的技能	知的活動でも職業生活や社会生活でも必要な技能 (1) コミュニケーション・スキル 日本語と特定の外国語を用いて、読み、書き、聞き、話すことができる。 (2) 数量的スキル 自然や社会的事象について、シンボルを活用して分析し、理解し、表現することができる。 (3) 情報リテラシー ＩＣＴを用いて、多様な情報を収集・分析して適正に判断し、モラルに則って効果的に活用することができる。 (4) 論理的思考力 情報や知識を複眼的、論理的に分析し、表現できる。 (5) 問題解決力 問題を発見し、解決に必要な情報を収集・分析・整理し、その問題を確実に解決できる。
3. 態度・志向性	(1) 自己管理力 自らを律して行動できる。 (2) チームワーク、リーダーシップ 他者と協調・協働して行動できる。また、他者に方向性を示し、目標の実現のために動員できる。 （３）倫理観 自己の良心と社会の規範やルールに従って行動できる。 （４）市民としての社会的責任 社会の一員としての意識を持ち、義務と権利を適正に行使しつつ、社会の　発展のために積極的に関与できる。 （５）生涯学習力 卒業後も自律・自立して学習できる。
４. 統合的な学習経験と創造的思考力	これまでに獲得した知識・技能・態度等を総合的に活用し、自らが立てた新たな課題にそれらを適用し、その課題を解決する能力

就職予備校としての大学

ここで明らかに奇妙に思われるのは、中教審の「学士力」の説明に新しい教養教育の内容がまったく記述されていないことである。この点について、同じ文書で中教審は以下のように弁解している。

〈教養〉の意味・内容をめぐっては、多年にわたり様々な議論のあるところではあるが、今回は〈学習成果〉という観点から、参考指針について記述している。これらは〈教養〉を身につけた市民として少なくとも行動できる能力として位置づけることができる。

これはまったく驚くべき言葉である。教養教育の目的が大学教育の目的とほぼ同義であることを考えれば、教養教育の理念や内容の検討を放棄したということは、大学教育の理念や内容はどうでもよいと述べているのと同じことだからである。

さらにこの答申は、各大学にたいして授業ごとの到達目標や成績評価の基準を明確化し、「学士力」がどれだけ定着したかを計量的に把握するように要求しているだけでなく、大卒者の学力維持のために卒業判定基準の厳格化も求めるなど、大学教育の形式的側面からの統制強化を正当化している。しかし、これも無茶な話である。というのも、「学士力」で挙げられている能力は、どうみても量的計測にそぐわないものばかりだからである。たとえば創造性や自律性を、どうすれば厳格に数値化することができるのだろうか?

それでも実際の大学教育の現場では、このような指針にもとづいたカリキュラムが展開されている。それは大学が教育理念をすすんで放棄しているのと変わらない。そこではもはや理念や内容ではなく、定められた形式や基準、与えられた要求をいかに満たすかが重要とされている。すなわち「Word 検定二級が取れるようにする」「履歴書を正しく書けるようにする」「プラトンのイデア論を説明できるようにする」等々。シラバス上のあらゆる授業に、このような「授業の到達目標」を記入することが強制され、その達成の程度によって学生が（さらには教員も）評価される。

しかし「授業の到達目標」は、あくまでその授業の目的を達成するための目安、あるいは手段であって、その到達目標をクリアすることが授業の目的なのではない。たとえば一年次の情報処理の授業の到達目標が「Word 検定二級が取れるようにする」ことだとしても、その到達目標は何を基準に、何を目的として定められるのか？　そこで習得する能力は、最終的に何のためにあるのか？　文科省の「学士力」の指針は何も述べていないが、実際にはこれまでの説明で暗黙のうちに想定されるように、明らかにその目的は「企業への就職」である。

実際、「学士力」が提唱される前後から、大学はかつてないほど就職予備校化への傾斜を強めている。筆者が勤務する大学でも、入学時にはカリキュラムの説明と同時に「キャリア相談会」が開かれるようになり、一年次から、学生たちの学習目的を就職に置いて指導するようになった。そしてニュー・エイジ思想を彷彿とさせる「自己発見セミナー」のような就職カウンセリングが学内外で盛んに開かれる。キャリア教育やＩＴ教育という名のもとに、オフィスで即戦力として働けるようにワープロや表計算の仕方を学び、経済的に損をしない生き方をするために生涯賃金や保険制度の仕組みを教え、外国人の顧客に英語で受け答えができるよう「実践英会話」を教え、わがままな顧客や上司にも我慢できるように「おもてなしの心」や「望ましい職業観」を教えるだけでなく、ストレス解消のための「アロマセラピー」を用意している大学さえある……。こうした授業に「新しい教養」という名を与えるとしても、そこには新自由主義的な価値観に沿ったポストフォーディズム時代の労働者をつくりだす以外にどのような目的があるというのか？　これらを「新自由主義時代の技術《ネオリベラル・アーツ》」と呼ばないとしたら、いったいどう呼べばよいのだろうか？

2　潜在的な領域としての大学——もうひとつの「新しい教養」

このような大学教育、とりわけ教養教育をめぐる改革の流れのなかで、大学教育の現場は混乱に陥り、過度の評価と経営至上主義のなかで教員のモラルや活力が低下していることは、もはやあらためて述べるまでもないだろう。しかし、別の観点から振り返ってみると、九〇年代以降の新自由主義化にともなって状況が急速に変化したことは事実であるが、すでにその変化以前から、大学教育の中核部分としての教養教育あるいは大学教育は、実質的にその理念も目的も見失われていたことがわかる。植物にたとえるなら、すでに根が腐っていたから、病気への抵抗力をもたないまま幹まで枯れたのだ。

このことは高等教育にかぎらず、初等教育や中等教育についても言えることであり（塾や予備校がどれほど昔から勢力を広げていたかを思い出せばよい）、また新自由主義政策の下で同じように予算の削減対象とされている医療や福祉といった領域でも同様である。

それにもかかわらず、この時代になって、大学は企業であり、大学教育の目的は就職であり、教育はサービスであると明からさまに謳われることにたいして、私たちが強い違和感を覚え、それを受け容れることができないのはなぜなのだろうか？　大学や教養教育の歴史をさかのぼり、戦後の新制大学の設置理念、一九世紀ドイツのフンボルト理念、さらに中世の大学組織の起源のうちに大学の本質を探り、現状の新自由主義的な大学改革がその伝統を破壊するものであるという説明も、たしかに説得力があり、また示唆的である。しかし、新自由主義的な医療改革や行政改革については誰もおこなわないほど、私たちが歴史を古くまでさかのぼって新自由主義的大学改革の是非を考えなければならない理由は、いったいどこにあるのだろうか？

このような疑問を抱くこと自体が筆者の勉強不足のせいなのかもしれないが、それでも次の二つの点からこの違和感の内実を考えてみたい。

潜在的な領域としての大学

ひとつは、私たちが現在の大学改革に感じる違和感が、現実の大学にたいするものであるというよりも、むしろ「潜在的な大学」をめぐるものであるという点である。たとえば、学生の就職率や教員の論文発表数などを重視する現在の文科省やマスコミの議論がばかげているのは、それらの目に見える成果を生み出す潜在的な領域をまったく無視しているか、ひどく誤解したものだからである。そして私たちが端的に「大学」と呼んでいるのは、そのような潜在的な領域――研究者が優れた論文を書き、学生が知的・人間的に成長することが可能になる土壌――なのである。そのような「大学」は、目的も理念も、さらにはその存在さえも、つねに潜在的で目に見えない、非制度的で非物質的な領域にある実在である。

薄暗いサークルのボックスのなかで繰り広げられる学生たちの果てしない問答、夜の研究室で交わされる教員同士のなにげない対話、キャンパス外の喫茶店でおこなわれる自由な研究会。そうした教員や研究者、大学院生、学部生、一般社会の人々が自由に混じり合い、コミュニケーションが可能になる場所こそは、制度的な形態をもたないものではあるが、本来の意味で「大学」と呼ぶべきものである。それに対して、東京大学やハーバード大学などの固有名をもつ制度的な実在としての大学は、ここで述べた固有名をもたない潜在的領域にある「大学」を捕獲し、顕在化させるための装置にすぎない。というのも、潜在的領域にある「大学」は、時間も空間も超えた、不定のネットワークを形成する集合的生命体であり、タルドの言葉を借りれば「集合化した脳」というべきものだからである。

このような潜在的な領域にある「大学」は、それ自体が「未来」の社会である。というのも、そこで生まれ、活動しているさまざまな観念や着想は、多種多様な成果として社会を変えていく素材となるからであり、そこで育って学外に出ていく学生たちは、彼ら自身が未来の社会の担い手となるからである。そして、またそのような大学は、それ自体が「過去」の社会でもある。というのも、そこには古代からの知のさまざまな蓄積があり、無数の過去の知者たちが霊魂のように私たちに取り憑いて語りつづけているからである。その意味でも大学は、現実の市民社会と結びついているよりも、潜在的な社会領域と一体化したものなのである。

ところが現在の新自由主義的な大学改革は、個々の大学を競争させ、現実化された成果（しかもきわめて偏った）のみを引きだそうとすることで、そうした潜在的な領域にある「大学」を解体させ、そこから個々の大学を切り離そうとしている。ふたたび植物の比喩を用いるなら、大地（潜在的領域の「大学」であり、またその母胎である広大な社会的領域）から個々の植物（個々の大学）を切り離し、かぎりなく栄養（資金や人材）を切りつめ、人工的な細工（「新しい教養」！）を施して、強引に多くの果実をつけさせようとするようなものである。そのようにして作られた果実は、あたかも遺伝子組換作物のように、大地を汚染するものになる可能性がおおいにある。いや、むしろ実際にはもはや取り返しがつかないほど、大地は汚染されているのではないか？

自然法とオルタナティブな大学

もうひとつは、私たちがこのような大地の汚染にたいして、つまり潜在的領域にある「大学」の破壊にたいして怒りと悲しみを覚えるとしたら、それは私たちが潜在的領域にある「社会」——現在の社会に内包された過去・未来の社会——の破壊にたいして憤りを覚えているのと同義であるという点である。

　そのとき私たちがいるのは、古くからの「自然法」の領域である。ここで自然法というのは、ダントレーヴ[5]の議論を多少アレンジしつつ説明するなら、（顕在的かつ超越的な社会秩序としての実定法にたいする）潜在的かつ内在的な社会秩序のことである。それは贈与や寛容、仁義といった原社会的な秩序として、共感や憐憫などの情動に支えられながら、個々人の不断のコミュニケーションのなかで成り立つもので、通常は不定形の秩序として人々の精神や社会のうちに潜在するものであるが、ひとたび暴政や圧政によって実定法とのあいだに摩擦が生じると、異議申し立ての運動として顕在化し、既存の社会秩序を変革する原動力となるものである。

　このような自然法は、そもそも潜在的な社会秩序である以上、先ほど述べた潜在的な「大学」と同じように、その内部に過去と未来の社会秩序を内包している。したがって、それは保守的な運動にも革命的な運動にも、右派的にも左派的にもなりえるヤヌス神のようなものである。それでも、現在の新自由主義的な大学改革にたいする世界的に広まりつつある闘争は、それが潜在的な「大学」をめぐるものである以上、その内部に潜在的な社会秩序である自然法を原動力として隠していることは疑いない。したがって、この闘争で賭けられているのは社会の未来であり、その未来を顕在化させる大学の能力である。

　ところで、大学の教養教育がそのような未来を顕在化させるための手段にほかならず、個々の人間形成という以上に広い意味での社会形成を目的とするものであるとしたら、私たちは、その闘争に内包されている潜在的な社会秩序――現在の知的世界のなかに仮想的に表現されたものとして――のうちに、新しい教養のあり方を探らなければならないだろう。機能不全に陥っているかつての教養教育や現在推進されている空虚なネオリベラル・アーツとは別に、私たちは新しい知の秩序、つまり新しい世界をつくりだすエンジンの設計図を思い描かなければならないだろう。

　そのような構想は、大学審議会や理事会、教授会などで生まれるものではなく、自然法と同じように、個々の研究者や学生や市民の情動をともなうコミュニケーションのうちに、つまり潜在的な「大学」のうちに内在しているものであり、すでにその種子はさまざまな知的共同体の実験的な取り組み――各地の自由大学や地下大学などの試み――のうちに芽を出しつつある。そのようなオルタナティブな大学は（「大学のオルタナティブ」ではなく）、市民社会からも新たな知的共同体の運動からも隔絶された閉鎖的な学術世界や知的サークルとしてではなく、無数の未来の共同体に向けて開かれた大学として、社会闘争のなかに出現しつつある。

> オルタナティブな大学は、社会に開かれているべきだし、社会を覆っているさまざまな問題にも開かれているべきです。そのような大学は、たんに科学的考察をおこなう場所であるだけでなく、社会的闘争の場所でもあるはずです。つまり、現在進行中のさまざまな運動の担い手たちが、考察と行動のための場所として、個々のローカルな大学を使えるようにならなければならないのです。そして、まさにそうした事態こそは、現在の大学で生じているさまざまな運動について、私たちの政府が怖れていることなのです。[6]

このような言葉は、冒頭で挙げたミヨシ論文の最後の結びで発せられた問い（「私たちはいつ反撃するべきだろうか？　そして、どのように――デイトンやオハイオの労働者たち、そして大学の労働者である私たちは――同盟を結ぶべきだろうか？」）にたいして、すでに世界各地でさまざまな応答が発せられている証拠である。そのような運動から新しい社会秩序の構想とその母体となる知の秩序が姿を現すのは、まだ先のことだろう。それでも、筆者はまだ確信をもつことはできないが、ミヨシの「（新しい知の秩序は）それほど遠くない未来、少なくともあと二、三十年後には明確な姿を現すだろう」[7]という楽観的な見通しを信じるなら、まだまだ試行錯誤をつづける価値があるのではないだろうか。

3　未来の「教養」の在処――大学院生の問題との関連

最後に補足として、現在問題となっている大学院生の状況について、新しい教養教育との関連で思いつくことを述べてみたい。というのも、新しい教養、新しい知の秩序の可能性を考えるにあたっては、おそらく現在の院生たちのネットワークを無視することができないと思われるからである。

筆者の経験を振り返ってみると、国立大学の独立行政法人化の議論がはじまり、小泉政権の下で新自由主義的な大学改革が進行し、大学における既存の人文・社会思想系の学部・学科の立場が弱まるにつれて、また少子化の影響によって院生の就職先がなくなっていくにつれて、院生たちのあいだでは、自分の研究の社会的意義よりも経済的意義や政策的意義について語られるか、あるいは反対に、古いアカデミズムの存続意義が語られるようになっていった。つまり新自由主義時代にあった研究スタイルをとるか、それとも保守的に旧来のアカデミズムにしがみつくか、そのいずれかの方向で院生たちの多くは揺れていたように思う。それは人文社会科学が政策志向を強め、各地で「○○政策学部」が設置された時期と重なっている。しかし、そこからさらに時間を経た現在、自分がおこなっている研究の意味を、もはや研究室や大学や学会という狭い領域ではなく、現在の世界状況に直接結びつけて理解しようとする人文社会系の院生たちは、確実に増えつつある。このことは、既存の学会と強固に結びついた大学院で維持されていた研究体制が、就職というエサがなくなったために崩壊したことの当然の結果であろう。彼らもまた、かつての学際系大学院——教養部解体後の妥協の産物——の院生たちと同じように、学会および学会と結びついた研究室というシステムから離れ、マイノリティとして思考するようになっている。

そのような若い院生（オーバードクターも含む）たちは、もはや研究室や指導教官とのタテの関係にしがみつくことなく、さまざまな領域の研究者とヨコにつながることによって、さまざまに異なる分野、異なる思想を含み込んだ、ゆるやかな知的ネットワークを自発的に形成しつつある。それはまだ「共同研究」や「交流会」のような散発的な形でみられるにすぎないけれども、大学や研究所が主催する旧来の研究会や研究室の先輩・後輩の関係からなる共同研究のような義務的なものではなく、明らかにもっと自発的で自由な研究がおこなわれる状況にある。実際、筆者が若い院生たちを眺めるかぎり、白石が主張するような「院生サンディカリズム」[8]が可能になる土壌は、すこしずつ生まれつつあるように思われる。むしろ反対に、すでに大学に就職して教員となった研究者のほうが、大学間競争や業績主義の風潮のもとルーティン化した仕事するばかりで、明らかにそうした新しい知的ネットワークの主体になる可能性を失っている。

　大学や大学院の役割として、既存のアカデミズムの伝統や業績を継承することはたしかに重要である。それは現代の社会が過去との歴史的つながりを維持するために欠かせない装置である。しかし、既存のアカデミズムから離れて自由に思考しようとする研究者たちの活動もまた、社会が未来を手に入れるために欠かせない装置である。彼らのみる夢が未来の世界の種子であるとしたら、大学はそれを花が開くまで育つように、適切な土壌のもとで、必要な栄養を与えなければならない。現在の大学が失ってしまった教育・研究のコアとなる知、すなわち専門知ではなく総合知としての「教養」を取り戻すために、既存の大学や大学院には、彼らのネットワークを機能させるための場所を提供し、経済的・社会的支援をおこなうことが是非とも求められている。いまだ形をとらない真の意味で新しい「教養」は、おそらく彼らの活動のなかから浮かび上がってくるのではないか。というのも、さまざまに異なる領域の研究者が自発的に結ばれるネットワークは、それ自体のうちに、現代世界の課題に対応した多種多様な知的領域をつなぐ原理的な知としての「教養」を、たとえ潜在的なかたちであっても内包しているはずだからである。

第九章

青年期、大学、都市

——ポストモラトリアム時代の大学

今はもう何も感じられない、思い出は停止している、たぶんまた沈んでいったのだろう。その暗い夜のなかからいつかまた思い出が浮かび上がるだろうか？　だれが知ろう？　十度も私はやりなおし、思い出の方に身をかがめなければならない。

——マルセル・プルースト『失われた時を求めて』[1]

「〈私〉という商品の売り方」——ある日、勤務先の大学構内でふと目にした大きな看板に書かれていた、学生主催の講演会のタイトルである。就職活動を前に三回生が落ち着きを失いはじめる時期、このような文字が大きく書かれた看板がキャンパスの一番目立つところに置いてあるのを見て、私はもはや空しさを通り越して、滑稽さに笑いがこみあげてきた。というのも、社会思想担当の教員である私は、その直前に教室でマルクスの疎外論——ようするに人間は商品ではないこと——について話したばかりだったからである。たとえるなら、自分のいる場所が将棋会館だと思って真剣に将棋を指している人が、じつはその場所はスポーツクラブだったことに気づいたようなものだろうか。多少なりとも学生にとって意味があると思って話していた自分の授業の内容が、じつは時代にも場所にもまったくそぐわなくなっていることを、はっきりと思い知らされたような気がしたのである。

　実際、大学の就職予備校化・サービス産業化はとどまるところを知らず、その進展の度合いは激しさを増す一方である。数年前には自信をもって就職予備校化への批判をおこなってきた教員や学生たちも、現在ではまったく少数派となり、むしろ批判する側のほうが「おかしな人々」として大学運営から遠ざけられるようになった。各大学とも少子化時代を生き残るために、学生の就職率向上と提携高校からの推薦枠拡大、受験生にアピールするための学部改組・新設が至上命題になった。学生たちもまた、不況にくわえて福島原発事故後の不安定な経済・社会状況のなかで、これまでになく強い不安を抱いている。そして少しでも「よい企業」に就職ができるように、資格取得やキャリア形成に役立つ授業や講座に可能なかぎり多く出席しているが、同時にその過酷なストレスのなかで、自殺やうつ病などの深刻なメンタルヘルス上の問題を抱える学生も増加する一方である。

　ところで、私の授業に出席していた学生から「先生の授業を選んだせいで、友人から「なぜ同じ時間帯のキャリア開発の授業（数十名の学生がいる私の授業と同一時間帯に開かれている数百人規模の大講義）を選ばなかったんだ、バカじゃないの？」と笑われました」と聞かされたときも、先と同じように笑いがこみあげてきた。というのも、自分のいる場所がじつは最初から大学ではなくて就職予備校だったのに、ずっと自分が大学にいて就職予備校化に抗している夢をみつづけていたような気がしたのである。しかし、それはほんとうに夢だったのだろうか？　かつては就職予備校ではなかったような記憶があるのだが。そうであれば、もはや大学は、その実体としては、もはや失われたのだろうか？

1　モラトリアムと大学教育

失われたモラトリアム

もはや死語になったが、かつて学生時代は「モラトリアム」と呼ばれた。モラトリアム（猶予期間）とは、戦後の教育論において、子どもから大人になるあいだの過渡期として、若者が悩んだり葛藤したりしながら自己確立をしていく時期を指すために用いられた言葉である。高校生や大学生は、いわゆる社会人としての義務を果たす以前に、自分が生きていることの意味、あるいは仕事をすることの意味を、内的体験をつうじて把握することが求められた。たんに与えられた生をそのまま享受している子ども時代から、主体的かつ自覚的に生きる大人になることは、「第二の誕生」（ルソー）と呼ばれ、また、そのような子どもから大人への過渡期の存在としての若者は、家族・地域社会と産業社会の中間にいる「マージナル・マン（境界人）」（レヴィン）と呼ばれた。こうした言葉は、近代都市の産業社会に適応する人間を育成するために学校教育が導入されたことにより、近代人に生じた特有の成長過程を指すために用いられた言葉である。

　このようなモラトリアムとしての若者時代は、ある意味では思春期特有の葛藤に悩む時期として、ある意味では自由を謳歌する時期として、かつては一般に広く受容されていた。むしろ、若者時代はおおいに悩み、おおいに遊ぶことが奨励されていた雰囲気さえあった。高校生や大学生が町中で暴れたり羽目をはずしたりしても、「学生だから」という理由で、基本的には寛容な目でみられていた。そうした若者たちも、いずれ社会を担う立派な人物になることが期待されていたし、実際にほとんどの若者たちは就職して社会人となっていった。

　しかし、八〇年代のバブル期のあたりから、若者の生活や価値観も、若者を囲む社会全体の雰囲気も大きく変わりはじめた。若者たちは消費生活を謳歌するとともに、社会生活上の葛藤をマニュアル書で解決するようになった。学校や社会の側は若者のサークル活動や学生運動にたいする規制を強め、授業日数や取得単位の管理を厳格化した。また企業の側も公然と「青田刈り」をするようになり、その結果として就職活動が異様なまでに早期化しただけでなく、高等教育の側もみずから就職予備校になっていった。さらに、学生が引き起こした喧嘩などの些細な事件などもマスコミで派手に取り上げられるようになり、引きこもりやうつ病、ニートが社会問題化していくにともない、社会全体が若者たちへの批判を強めるようになった。そして学者たちも、国家や産業界と歩調を合わせて、早期から就職のためのスキルを教えること（キャリア教育）を提唱し、さまざまな具体的提言をおこなうようになった。

　そうした社会状況の変化のなかで、学生のモラトリアムはもはや認められなくなり、学生時代から消失していったようにみえる。そのような「モラトリアム（猶予期間）なきモラトリアム（青年期）」を、本稿では「ポストモラトリアム」と呼ぶことにしよう[2]。いったい、若者をめぐって何が起こっているのだろうか？

「モラトリアム人間」の時代とその終わり

「モラトリアム」という語がとくに青年期を指すための用語として使用されるのは、一九五〇年代から六〇年代にアメリカで発達した青年心理学の領域においてである。当時の先進諸国では、フォーディズム体制において幅広い層の人々が労働者として取り込まれ、工業発展と経済成長、消費生活の拡大がもたらされたことを前提に、「ゆりかごから墓場まで」の福祉政策が広がった。その急速な産業化のなかで、農村から都市へ流入する人々は、従来とは異なる規範と技能を身につける必要に迫られた。心理学者エリクソンは、固定的な伝統的社会規範を失った人々が、流動的な都市社会に自立の基盤を見出し、「アイデンティティ」を確立するために、一定の「猶予期間《モラトリアム》」が必要であると考えた。その意味でモラトリアムは、前近代的主体から近代的主体への「変身」の時間を示す概念であり、エリクソン自身はそこで起こる「反抗」や「放浪」に積極的な意味を見出し、青年期に欠かせない発達課題を克服し、自己を確立するために不可欠な時期とみなしていた。しかしながら、後に続く人々によってモラトリアムの意味は矮小化され、たんに「労働者になることを引き延ばしている期間」としか理解されなくなっていく。

国内においても事情は同じようなものであったが、「モラトリアム」という語が流布するのは、フォーディズム体制と終身雇用と年功序列賃金を特徴とする「日本型福祉国家」が完成期を迎え、新たに登場した消費社会への移行がはじまる七〇年代の終わりから八〇年代であった。小此木啓吾は、産業が高度化した豊かな社会において、自分らしい生き方を求めてモラトリアムを引き延ばす若者たちが登場したことを批判的に紹介し、それを「モラトリアム人間」と呼んだ。[3] いわゆる「フリーター」という語が流行するのも八〇年代後半である。しかし九〇年代に不況が広がり、またポストフォーディズム化と新自由主義的経済政策が進み、非正規雇用が広がると、状況は劇的に変わる。もはや若者は「自分探し」のために「労働者になることを引き延ばす」ようなことはなくなり、早期から労働者になるための職業選択をおこない、「ライフ・プランニング」や「キャリア形成」にとって無駄な時間は省かれるようになっていく。このように青年期の過ごし方がしだいに経済的有用性の観点から再編されていくなかで、かつてのモラトリアムの時間は「無用」な時間として排斥されていったのである。[4]

「教養」とモラトリアム

ここで、エリクソンが主張したような自己確立のための「放浪」と「反抗」の時間としての青年期を「古典的モラトリアム」、小此木啓吾が主張したような労働者になることを引き延ばす「自分探し」の青年期を「消費社会型モラトリアム」、現在の早期からのキャリア形成によってモラトリアムが不要とされた時期の青年期を「ポストモラトリアム」と呼んで区別することにしよう。そうすると、このような青年期のあり方の変化は、大学における教養教育や教養観の変化にぴったり沿っていることがわかる。

　第二次大戦後の新制大学で、戦前の国家主義的な大学教育への反省から、人間形成と近代市民社会の担い手の育成という新たな目的を掲げて導入された教養教育（一般教育）は、三年次以降の専門課程に先立つ一年次と二年次におこなわれたもので、専門課程の教育が「有用性」の観点から編成されたのにたいして、有用性とは無関係な観点から編成されていたものであった。このような教養教育課程は「パンキョウ」と呼ばれて教員にも学生にも蔑まれつつ、まったく興味本位で授業を選択することができ、出席が強要されることもなかったため、学生たちにとっては三年次の専門課程に入るまでの自由な時間を与えるものであった。当時の学生たちは、そのあいだに自分の興味や関心を広げ、授業以外にもさまざまなサークルや社会活動など学生どうしの共同体をつうじて人生や将来、社会について考えるのが一般的であった。ようするに、大学教育においては教養教育という形でモラトリアムが是認されていたのである。

　しかし、専門技術者を要求する産業界を中心として、教養教育を「不要な教育」とみなす声は根強く、八〇年代になると教員や学生のあいだにも教養不要論が浮上する。さらに九〇年代になると、文科省の主導のもと教養教育の解体が進むことになる。そして大学側はできるだけ早期から専門科目を学ばせるために（実際には専門学部が教養部を解体して自分たちの人員を増やすための口実として）、教養教育課程の授業を減らし、専門課程の開始時期を二年次あるいは一年次まで引き下げただけでなく、資格取得や経済的有用性の観点から大学組織やカリキュラムを再編していくようになる。さらに二〇〇〇年代になると、入学時から学生の就職へのモチベーションを高める工夫が施されるようになり、大学教育はあからさまに就職と結びつけて語られるようになった。そして不況や雇用の流動化の進行とあいまって、大学教育において自己確立の期間としての「ポストモラトリアム」は保証されなくなり、代わって就職という目的を達成するための訓練期間としての「ポストモラトリアム」が積極的に保証されるようになっていく。学生たちは「就職に役立つ」という観点から大学や学部、科目を選ぶようになり、大学の側はかつての教養教育に代えて「キャリア教育（就職に役立つ技能や知識の教育）」にシフトしていく。つまり経済的有用性と無関係な観点から編成されていた教養教育は、有用性の観点にもとづく再編のなかで「不要」とみなされていくのである[5]。

　ここで、かつての古典的モラトリアム時代の大学における教養教育が、学生たちに積極的に学習意欲を与えるものでなかったことは特記してよいだろう。多くの大学で、教養教育課程の授業は教員にとっても学生にとっても退屈であり、目的も理解できなければ何の役に立つのかもわからない一種の通過儀礼とみなされ、その存在意義が早くから疑われていた。そこから教養不要論が登場し、実際に教養教育が解体していくわけなのだが、しかし、そのような教養教育のあり方は、当時のモラトリアムの若者たちの姿をそのまま反映したものである。すなわち、自分が何を目的に大学に来ているのか、自分が将来に何の役に立つのか、自分の存在意義はどこにあるのか、といった問いに直面し、悩むようなモラトリアムの若者たちの姿である。したがって、教養教育が「不要」とされていく過程は、そのような若者たちの悩みが「不要」とされていく過程とまったく重なっている。すなわち大学教育も若者の青年期も、ともに経済的有用性の論理にもとづいて再編されていったのである。[6]

したがってモラトリアムと教養教育課程は、まるで映し鏡のように、若者の内面と社会状況の変化をはっきりと示している。ここで、教養とモラトリアムという領域において、九〇年代以降、二つの「物語」が同時に失われてしまったことがわかる。すなわち、（自己アイデンティティの確立という個人の精神的成長のための期間としての）モラトリアムにおいては人間形成や成長という「自己の物語」が、教養教育課程の解体においては近代市民社会という「大きな物語」が、同時に失われてしまったのである。

2　自然状態と社会状態――「エミール」と「社会契約論」のあいだ

そうであれば、近代社会の「大きな物語」と若者たちのモラトリアムにおける「自己の物語」は、そもそもどのように生まれ、どうして結びついていたのだろうか？　この問いについて、読者にとっては退屈かもしれないが、さらに時代をさかのぼり、ルソーの教育論と社会論を手がかりに考察を進めてみたい。というのも、ルソーの『社会契約論』は、一八世紀末に登場した近代市民社会の思想的基盤となった著作であり、また教育論である『エミール』は、近代初期の「子どもの発見」（アリエス）[7]を果たした画期的な著作として、これも公教育の思想的基盤となった著作だからである。つまりルソーは、近代社会と若者のモラトリアムという二つの領域を、その起源において同時に構想した最初の人物とみなされる。

『社会契約論』――「自然状態」から「社会状態」へ

『社会契約論』においてルソーは、次のように説明する――国家も支配者もいない「自然状態」においては、すべての人間が自己保存を目的として生きており、かつ自由で平等に暮らす存在であった。しかし、人口が増えてくると欲望をめぐる対立が生じ、いずれ強力な支配者が出現することにより、残りの人々は「奴隷状態」に陥る。ただし、このような奴隷状態は自然の摂理、すなわち自然状態における「自己保存」という目的に反しているので、全員合意のうえで各人の自己保存を保証する契約、すなわち「社会契約」を結ばなければならない。この契約によって人々は、原初の自然状態からは切り離されるものの、社会状態という新たな形式のもとで自由と平等を実現することができる。この社会契約において、人々は「自然状態」から「社会状態」への移行を達成するわけだが、そのとき各成員の意志を超えた共同体の意志、すなわち「一般意志」が生じる。そして各成員がこの一般意志の代行者を民主的な選挙をつうじて選ぶ直接民主制こそが、最高の社会制度とみなされる。

以上がルソーの主張のあらましであるが、そこでは伝統的な農村社会と家族制度を中心に成立していた王権国家は悪しき「自然状態」（あるいはその帰結としての「奴隷状態」）として否定され、農村や家族といった伝統的共同体から切り離された抽象的な近代社会が設計される。その近代社会は、万人が万人の自己保存を保証しあうという社会契約にもとづくものである以上、完全な包摂型社会とみなされる。

たしかに、このような「自然状態」から「社会状態」への移行を果たす契機としての社会契約は、あくまで理論的フィクションにすぎない。しかし、そのフィクションにもとづいて近代民主国家がつくられるとしたら、そこでは各成員を現実に「自然状態」から「社会状態」へと移行させる必要がある。そして、その手段が「教育」なのである。

『エミール』――「子ども」から「大人」へ

ルソーの『エミール』は、都市ブルジョアの孤児エミールを預かった家庭教師がその子どもに理想的な教育を施していく、ルソーの教育論であると同時に、一種の教養小説である。

　この物語で、エミールは都会から田舎に移され、少年期を自然のなかで育てられる。なぜ子どもを最初に自然のなかで育てる必要があるのだろうか？　それは「社会秩序のもとでは、すべての地位ははっきりと決められ、人はみなその地位のために教育されなければならない…（略）…［そのような］教育はその人の運命が両親の地位と一致しているかぎりにおいてのみ有効なものとなる」のにたいして、「自然の秩序のもとでは、人間はみな平等であって…（略）…両親の身分にふさわしいことをするまえに、人間として生活するように自然は命じている。生きること、それがわたしの生徒に教えたいと思っている職業だ[8]」からであり、また「都市は人類の堕落の淵」であって、都市に「よみがえりをもたらすのはいつも田舎[9]」だからである。

　しかしエミールは、青年期にさしかかる頃になると、都市に戻るための準備をしなければならない。なぜなら「エミールは人の住まないところに追いやられる未開人ではなく、都市に住むようにつくられた未開人だ。かれはそこで必要なものをみつけ、都市の住人たちから利益を引き出し、かれらと同じようにではないにしても、かれらとともに暮らさなければならない[10]」からである。そのためにエミールは「他人の理性ではなく、自分の理性をもちいる[11]」能力を獲得し、「人間の社会において孤独であり、自分ひとりだけをあてに[12]」する自律的で自由な人間、すなわち近代人にならなければならない。そのように都市の市民社会の担い手となったエミールは、自然状態に埋没した「未開人」でもなければ社会状態に埋没した「堕落した人間」でもなく、自然状態と社会状態の理想的な結合体として、都市を生まれ変わらせる批判的知性の持ち主となる。最初から都市の社会状態のうちに育った者では、社会を相対化することができない。しかしエミールは社会状態の外にある自然状態で育ったので、社会を相対化する視点をそなえることが可能になる――「世間のしきたりを十分によく理解するのに適当な時期がある。あまりに若い時にそういうしきたりを学ぶ者は、一生のあいだそれにしたがっていても、選択することもなく、反省することもなく、自信はもっていても、自分がしていることを十分に知ることもない。しかし、それを学び、さらにその理由を知る者は、もっと豊かな見識をもって、それゆえにまた、もっと適切な、優美なやり方でそれに従うようになる[13]」。

　このような子どもから大人への移行を、ルソーは「第二の誕生」と呼ぶ。この新たな誕生をつうじて、たんに自然的存在として生きていた「子ども」は、目的をもって主体的に生きる社会的存在の「大人」あるいは「都市の人間」へと移行する。そして、この「第二の誕生」を経ることにより、「人間的なにものも彼にとって無縁なものではなくなる[14]」とルソーは述べる。つまり「大人」になった若者は、都市を中心とする近代社会の一員として、その「大きな物語」のうちに組み込まれていくのである。

「進歩」と「成長」

ここで挙げたルソーの二つの著作は、さまざまな点で相互に補完しあっている。そこではつねに「自然状態から社会状態への移行」という主題が、農村から都市へ、農業から工業へ、子どもから大人へ、未開人から近代人へ、暴力から法へ、というさまざまなバリエーションをともなった言い方で展開されている（このような思想が「啓蒙」という近代化を推進する原動力になっていくことは、あらためて言うまでもないだろう）。

この観点からすると『エミール』は、子どもの成長物語であると同時に、近代社会の成長物語でもある。いいかえれば、近代の都市社会の歴史そのものが、農村に育った子どもが教育をつうじて社会契約の一員、すなわち市民＝大人へと変身していく無数のエミールたちの物語が織りなす「大きな物語」であった。このような都市の歴史に参加することが求められた若者たちにとって、青年期としてのモラトリアムは、第二次大戦後のアメリカで発見される以前から、そのための準備期間として必要とされ、また実在していた。つまり、子どもから大人への「成長」（つまり自然状態から社会状態への移行）という「自己の物語」の果てに、近代社会の「進歩」（これもまた自然状態から社会状態への移行）という「大きな物語」に組み込まれていく期間として、学校教育とモラトリアムが機能することが求められていたのである。つまり若者の「成長」と社会の「進歩」は、同一の論理において必然的に結びついていたのである。

3　都市、青年期、大学

都市化と「大きな物語」の消失

ところで「自然状態から社会状態へ」という「大きな物語」は、逆の視点からみれば、農村や伝統的共同体が、都市への食糧・労働者の供給先として、また都市で生産された工業製品の消費先として、しだいに都市経済のなかに飲み込まれていく過程でもあった。つまり、自給自足的経済圏として機能していた前近代的な農村が、都市への食糧供給基地として市場経済に組み込まれ、いわゆる「近代農村」へと変貌していく過程である。そこで農村の人々は、学校教育をつうじて都市住民（産業労働者）へとつくりかえられていく。その結果、先進国では都市がますます拡大する反面、農村はしだいに過疎化し、あるいは企業化した大規模農業へと移行していくことになる。

さらに近代市民革命と植民地獲得競争、帝国主義、世界大戦の時代を経て、いまや先進諸国の都市は、国内の農村だけでなく、世界中の農村を市場経済の制御下に置くようになった。いまや都市は地球全体を覆うまでに拡大し、二〇〇八年には人類史上はじめて、世界の都市人口が農村人口を上回るにいたった[15]。一九世紀半ばのイギリス国内で生じたのと同じ事態が、一世紀半のうちに世界全体に広がったのである。このように「社会契約」とそれがともなう「大きな物語」（また、それにもとづく学校教育）が、いわゆる自由や平等、進歩といった近代世界の社会的理念として機能しただけでなく、同時に世界規模の都市化、すなわち産業化と市場化を推し進める経済的理念としても機能してきたことについては、あらためて指摘するまでもないだろう。

しかし、生産・消費・労働・余暇といった人間活動のあらゆる領域が市場経済へと飲み込まれ、しだいに一国内あるいは宗主国と植民地の経済圏内で生産・消費のサイクルを回せなくなっていくにともない、そしてフォーディズムからポストフォーディズムへの移行や生産拠点の海外移転をはじめとする産業構造の変化にともない、産業雇用と福祉政策によって社会契約（すなわち各人の自己保存を保証する契約）を維持しようとしてきた近代国家は、その成立基盤を失っていく。

弱肉強食を公然と認めるむきだしの資本主義（新自由主義）が幅をきかせるようになると、近代国家を支えていたはずの社会契約の理念はついに放棄される――「社会は存在しない。存在するのは男性か女性の個人と家庭だけだ」（サッチャー元英国首相）。

また、先進諸国の都市においても第三世界特有の現象だったはずのスラムが広がる一方、逆に第三世界の都市においては「ビバリーヒルズ」を模した高級住宅街が広がっている。つまり資本主義のグローバル化とともに、第三世界と第一世界が地理的空間を超えて入り交じるようになった。この点について地理学者マイク・デイヴィスは、将来の世界ではあらゆる空間が地理的境界を越えて「スラム」と「金持ち天国」（ゲートで囲まれた富裕層の住宅地域など）へと二極化し、スラムはたえず軍事・警察権力による監視下に置かれるようになるだろうと警告している。[16] これもまた、「自然状態（スラム・第三世界・途上国）から社会状態（都市住民・第一もしくは第二世界・先進国）へ」という物語の破綻を示すものである。

ようするに、近代社会の「進歩」と「自由・平等」という理念を目指して、過去から未来へ、「自然状態」から「社会状態」へと向かって流れていた「大きな物語」の時間は、グローバル資本主義の時代のなかで失速し、溶解したのである。

青年期の消失？

近代社会から「自然状態」と「社会状態」を仕切る壁が失われたことは、同時に個人における「自然状態（子ども）から社会状態（大人）への移行」としての「自己の物語」が、つまり「子ども」から「大人」になることの意味が、もはや成り立たなくなってしまったことを意味している。その意味において、近代が子どもと青年期の「発見」によって印づけられるとしたら、現代は子どもと青年期の「消失」によって印づけられることになるかもしれない。というのも、そこでは自然状態から社会状態へ移行することの意味が失われたからである。そうであれば先に述べた現在のポストモラトリアムは、自然状態の「子ども」から社会状態の「大人」へ移行するのではなく、ルソーの言い方を借りるなら、奴隷状態の「奴隷」あるいは「支配者」（つまり「負け組」あるいは「勝ち組」）へ移行するための期間として位置づけられざるをえない。実際、現在の日本社会の状況を眺めるかぎり、事態はそのように推移しているようにみえる。

このように考え合わせてみると、冒頭で述べた青年期におけるモラトリアムの消失、大学教育における教養課程の解体、新自由主義的グローバリゼーションが進行した世界における地球規模の都市化（とスラム化）は、「自然状態から社会状態へ」という社会契約の思想――あるいは端的にいって「啓蒙」の思想――の挫折あるいは敗北と言えないこともない。いずれにせよそれらの現象は、同一の論理がさまざまな形態をとった、バリエーションである。そうであれば、ここで私たちは、ふたたび「啓蒙」の思想に立ち返り、その復活をもう一度目指すべきなのだろうか？　かつての青年期におけるモラトリアム、かつての教養教育、かつての社会民主主義的国家をふたたび追い求めるべきなのだろうか？

4　自然／社会の二元論を超えて

近代の自然観と大学

この問いにたいして、二〇一一年の福島原発事故がもたらした悲惨な状況を目の当たりにした私たちは、もはや肯定的に答えることはできない。日本全国で田舎に原発がつくられるようになった背景として、都市化にともなう農村の過疎化があることは疑いようがない。都市は、まず田舎の農村を食糧基地として従属させ、次いで食料を海外から輸入するようになると、今度はエネルギー供給基地あるいはゴミ処理場として利用するようになった。そして都市化の進展は、これからも膨大なエネルギーと食料、生活のための工業製品を要求しつづけるだろう。それこそが地球規模の環境汚染の元凶であることが指摘されて、もはや半世紀以上も経っているにもかかわらず。また先に述べた世界規模のスラム化は、都市の生活環境が、かつてのように「自然状態から社会状態へ」という啓蒙のスローガンにしたがうどころか、むしろ「野蛮状態」に向かっていることを示している。

　このような状況を克服しようと思うのであれば、私たちは何よりもまず、「自然／社会」を分割し、前者を後者へと従属させる近代の思考様式そのものを徹底的に検討し、そこから脱却する道を探さなければならない。とりわけ大学は、歴史的にも「都市の中の都市」であり、近代において啓蒙（都市化）の推進装置としての役割を果たしてきたことを思い起こすなら、あらためて従来の知のあり方を根底から見直す時期にきていることは明らかである。しかし、そこにはきわめて大きな困難が立ちふさがっている。その障害とは、大学の知、すなわち近代の知そのものに潜んでいる「自然観」である。

　実際、本稿で例に挙げたルソー、あるいはホッブスやロックをはじめとする啓蒙期の社会思想における自然観は、それ以前に誕生した近代科学の自然観に由来し、それを前提としている。そして、そこで分割された「自然（物質）／精神」あるいは「自然／社会」の区分にもとづいて、自然科学・人文科学・社会科学が成り立っている。ようするに、大学の知を構成する主要三領域それ自体が、近代の自然観ぬきには成り立たないものであり、そこにおいて三領域は分割されつつ結託している。つまり自然を人間に従属すべきものとみなす西欧的な自然／人間の二元論がなければ、さらにその二元論を前提とした「自然状態から社会状態へ」という物語がなければ、大学の知も教育も成り立たない構造になっている。ところが現実には、これまでみてきたように、そのような物語は失効しており、いたるところで機能不全の現象が噴出している。そして大学それじたいも、もはや本来の啓蒙の機能を失ってしまっている。

　このような状況のなかで、私たちが火急に取り組まなければならないことは、自然／人間の二元論にもとづかない新たな自然観と人間観（社会観）を構想することであり、その基盤となる論理をつくりあげることであろう。これまで述べてきた若者のモラトリアムの消失とその精神病理、都市化する世界とその社会病理、さらにはテクノロジーの発達とそれがもたらす環境問題が、従来の人間／社会／自然の分類にもとづく近代的な知の枠組みによって生み出されたものではあっても、それによって解決されないことは明白である。それらの問題は、むしろ人間／社会／自然の各領域の区分を超えて増殖・組織化する病理的運動であって、各領域を通底する次元に求められなければならないものである。つまり、それはガタリが『三つのエコロジー』[17]で素描したような、精神／社会／自然環境に通底する「エコロジー」の論理にかかわる問題なのである。[18]

5　おわりに――新たなモラトリアムと大学

　ここで最初の問いに戻りたい――はたして大学は失われたのだろうか？　その答えは、ある面ではイエスである。近代の啓蒙の運動が機能不全に陥り、都市化の行き詰まりを目の前にしている現在、大学がこれまで果たしてきた役割の意味は失われ、代わって大学は就職予備校としての役割を果たすようになった。その意味で、もはや現在の大学は、もはや大学とは呼べないからである。

　他方で、現在の状況は、かつて羽仁五郎が、都市のほんらいの目的である自由と自治を取り戻すためには、都市のモデルたる大学が自由と自治を取り戻さなければならない、と説いた[19]時代から、さらに新たな段階に進んでいる。というのも、大学はもはや都市から、つまり都市／農村の二元論から脱却しなければならない時代にきているからだ。したがって、未来の大学がその二元論を脱するものであるとしたら、それは都市とも農村とも異なる人間の集住形態のうちに、自然でも人間でもない領域の知のうちに、あるいは子どもでも大人でもない人々のうちに、可能的に存在しているはずである。それは「共立平面」としての大学、すなわち、あらゆる知のあり方が可能な平面をそなえた潜在的実在としての大学である[20]。

　先ほどの問いにふたたび答えるなら、こう言えるかもしれない。大学はたしかに失われたが、それは潜在的領域へと姿を隠しつつ、近代とは別の時代のモデルへと変貌するために、新たなモラトリアムを迎えているのだ、と。

第十章　グローバルシティのサブカルチャー、思想、政治
——〈内なる新自由主義〉に抗するために

人類は、おそらく永遠に、集団の意志にたいし自分の個人的な自由への要求を主張しつづけることだろう。人類の悪戦苦闘の相当部分は、この種の個人的要求と文化の側からの集団的要求のあいだの合理的な——というのはつまり、人類を幸福にしてくれるような——和解点の発見というこの課題をめぐるものである。

——フロイト「文化への不満[1]」

1　サブカルチャー化する社会、サブカルチャー化する思想

エピグラフに掲げたのは、フロイトの代表的な文化論として知られる「文化への不満」（一九三〇年）

の一節である。フロイトは、文化を個人の自由への欲求を抑圧する集団的装置とみなし、あるときには社会的タブーや法体系と、また別のときには自我に命令を下す「超自我」と同一視しながら、文化と個人的欲求の葛藤が不可避であると論じた。しかし現在では、文化をフロイトのように全体主義的装置と捉える若い人はほとんどいないだろう。むしろ多くの若者は、文化とは個人の欲求を表現し、あるいはその欲求にこたえるものと考えるだろう。漫画、アニメ、フィギュア、携帯ゲーム、音楽、ファッション、電気製品、自動車……。

　さらに、現在の若者の多くにとって「文化人」とはビートたけしや吉本興業の芸人、ＡＫＢ48をプロデュースする秋元康、ネットで人気のあるプロゲーマーなど、メディアを賑わしている人々を意味しており、けっして大学教員や文学者、画家、伝統芸能家、人間国宝の職人などではない。ようするに、かつての国家や権威と結びついた「高級文化（ハイカルチャー）」はその権威を失ったどころか、大阪府知事時代の橋下徹が大阪の伝統芸能である文楽（人形浄瑠璃）への支援を「売り上げが足りないのは努力が足りないからだ」と打ち切ろうとして多くの市民から支持を得た出来事（二〇一二年）に象徴されるように、もはや存続する価値がほとんど認められないものに成り下がっている。

　それに代わって日本の「文化」の顔になっているのがアニメや漫画、コスプレ、フィギュアなど、「サブカルチャー」と呼ばれる分野であることは、漫画「ゴルゴ13」のファンで知られる麻生太郎元首相を例に挙げるまでもなく周知の事実であろう。また、それらの「サブカルチャー」にどっぷり浸かった人々が「ネトウヨ（インターネット右翼）」として、インターネット上の書き込みばかりでなく、街頭に飛び出して極端に排外主義的な政治的主張（いわゆる「ヘイトスピーチ」も含む）を喧伝するようになったことや、そのような人々の需要に応えるかのように書店やコンビニの雑誌売り場にはアニメ雑誌や成人誌と並んで軍国主義的で排外主義的な雑誌や書籍が多く並ぶようになっていることは、前回の東京都知事選で田母神敏雄候補がオタクの若者たちを中心に多くの支持（得票率にして一二．五％）を得た事例[2]を示すまでもなく、日常生活で多くの人々が目にしていることであろう。ちなみに先の都知事選で二位だった左派の宇都宮健児氏が九八万票を得たのに対して四位の田母神氏が六一万票を獲得したことを思い起こすなら、数年後の選挙では左派の候補が保守候補に勝てないどころか、オタクの極右候補にさえ大敗してしまう可能性もあるのだ。

しかし、かつて「サブカルチャー」は「カウンターカルチャー（対抗文化）」や「アングラカルチャー（地下文化）」と同義語であったことを考えると、上述したサブカルチャーが堂々と市民権を得ている現在の状況はきわめて奇妙な印象を受ける。さらに言えば、八〇年代終わりから九〇年代前半あたりまでは、インターネットの登場によって人々の意識から国家の壁が取り払われ、国家主義や民族主義などは消え去っていくと楽観視する人々がいたことを思い起こせば、インターネットの普及にともなって右翼の若者たちが増殖していることはさらに奇妙な感覚を与える。かつての「対抗」文化が「保守」文化になってしまったことの背景には、どのような変化があったのだろうか？　現在のグローバル時代の新自由主義的政策と対抗するどころか逆にそれを支持するような国粋主義的・排外主義的な文化が、とりわけ「オタク」と呼ばれるような人々に広まっていることは、どのような政治的文脈において捉えられるだろうか？

　ところで、現在の日本におけるサブカルチャー（とりわけアニメ文化）と若者の右傾化を扱った著作はすでに多くあり、なかには鋭い指摘や興味深い論考も珍しくない[3]。しかし筆者のみるところ、それらの著作の多くは著者自身がサブカルチャーの熱心な愛好家や評論家であり、書かれている内容もサブカルチャーの隠語にあふれ、論考や主張そのものがサブカルチャーの文脈に大きく依存したもので、当のサブカルチャーに馴染みのない読者にはきわめて理解しがたい、いわば「〈サブカルチャー論〉というサブカルチャー」を目の前にしている感覚を覚えさせるものである。本論ではそのこと自体を非難するつもりはなく、また現在の学術界も似たような状況であることも重々承知しているのだが、そのような現状を踏まえるかぎり、なにより重要な問題と思われるのは（じつに言いにくいことなのだが）、そもそも学術界も含むあらゆる文化領域がサブカルチャー化の潮流に飲み込まれているなかで、いわゆる社会思想や現代思想と呼ばれる領域とその関連雑誌も、また既存の学術領域の学会誌も、そして本論考さえも、一般の人々から「オタク」向けのアニメ雑誌やカルト系の雑誌と同じ水準に位置づけられること、すなわち「サブカルチャー」というレッテルを張られてしまうことである。この問題を克服できないかぎり、私たちは近い将来に先ほど述べた「田母神現象」のような事態に対抗することができなくなるだけでなく、現在のメディアと政治状況の特徴ともいえる「反知性主義」の風潮に抵抗することもできなくなってしまうように思われる。

　こうした問題を考える手がかりとして、本論ではまず「メインカルチャー（あるいはハイカルチャー）

に対抗する文化としてのサブカルチャー」という図式が崩壊していく過程について、戦後の若者文化の背景の変化から考察し、次にサブカルチャーをめぐる思想の変化を追うことにより、両者の背後に共通する政治的問題を浮かび上がらせ、現在における抵抗の可能性を探りたいと思う。

2　サブカルチャーの変容

まず、現在のサブカルチャー（とりわけアニメ文化）が台頭するにいたった経緯について、おおざっぱにその歴史と背景を掴んでおきたい。日本のサブカルチャーの歴史についてはすでに山ほどの著作が刊行されており、アニメ文化やサブカルチャー論に馴染んでいる若い読者には退屈に思われるかもしれないし、またきわめて神経質なオタク気質の読者にとっては整理が粗雑すぎて耐えがたいかもしれないのだが、ただし本論ではそのようなサブカルチャーに詳しい人を読者としてまったく想定していないことをあらかじめご了承いただきたい。

「対抗文化」から「ファッション」へ

「サブカルチャー」という言葉は、一九五〇年代にアメリカの社会学者であるリースマンが、政治的・経済的に主流を占めているマジョリティ（白人、男性、富裕層など）の文化とその価値観に対する抵抗的・対抗的機能を果たしているようなマイノリティ（ゲイ、レズビアン、エスニックマイノリティなど）の文化を指すために用いた言葉である。第二次大戦後の大衆化の進展にともない、それまでの支配層（白人、男性、富裕層、文化人、大学人など）に対する従属層（黒人や女性、若者、学生、労働者）による「異議申し立て」の運動が六〇年代から七〇年代にかけて世界的に広まるにあたって、彼らの文化である「サブカルチャー」が大きな役割を果たした。サブカルチャーが「メインカルチャーに対する抵抗文化」であったのはこの時代であり、それらの文化がしばしば「アングラ」と呼ばれたのも、そして当時の社会的変容を理解するためにサブカルチャー研究が提唱されたのもこの時代である。ロックやパンクなどの若者たちの音楽だけでなく、日本においては漫画やアニメも、当時は社会への「異議申し立て」の内容を含んでいたことは、おそらく団塊前後の世代にとっては常識に属することだろう。

　たとえば、それまでは子ども向けの娯楽だった漫画の世界から、『月刊漫画ガロ』（一九六四年創刊）や『COM』（一九六七年創刊）などの前衛的な漫画雑誌の登場により、「カムイ伝」の白土三平をはじめとする実力派の漫画家たちが続々と輩出され、後の時代につづく大人向けの「マンガ文化」が形成されたのも、この時代のことである。同様にアニメや子ども向け番組においても、当時の全共闘の世相と思想を反映するかのように、主として支配的権力との戦いが主題にされ、しばしば公害などの社会問題も扱われた。

　しかし学生運動が終わって七〇年代後半になると、もはや若者たちは、支配的文化や国家権力へ「抵抗」する意欲と意味を失っていく。それと同時に、生活必需品である工業製品の大量生産・大量消費を中心としたフォーディズム的産業体制は、すでに豊かな社会になった日本においてその役割を終え、多品種少量生産の新たな産業体制、すなわちポストフォーディズムへの移行がはじまる。つまり高度消費社会の到来により、もはや生活必需品だけが消費欲求の対象ではなくなり、若者たちはみずからのアイデンティティの根拠を消費財のうちに求め、消費生活において他者との差別化を図るようになる。糸井重里の「おいしい生活」というキャッチコピー（一九八二年）とともに西武グループが文化産業に力を入れるようになり、芸術や思想、文学などを「ファッション」として販売するようになったのは、七〇年代後半から八〇年代半ばにかけてである。それとともに、いわゆる「アングラ」と呼ばれた演劇や文学もファッション化の波に取り込まれ、若者たちに消費されるようになっていく。つまり「サブカルチャー」は表向き「抵抗」の文化としての形は取りつつ、実際には若者たちにアイデンティティを提供する役割を強めていき、時代の先端にあることを示すような、流行の一部をなす「消費文化」へと変容していったのである。

「ファッション」から「快楽」へ

ところがバブル経済が崩壊した九〇年代後半になると、それまでかろうじて形式的に残っていた「アングラ」文化も「抵抗」の態度も、その役割を終えてしまう。若者たちは、もはや多額の金を払って流行の先端を行くことに魅力を感じなくなっていき、悪化する経済状況のなかで、そこそこの生活を維持するためにバイトに四苦八苦するようになる。そのような若者たちのサブカルチャーとして残ったのは、一方ではもはや純粋な消費文化であり、大資本によってマーケティング技術を駆使してつくられた音楽やマンガ、ゲームである。他方に残ったのは、それらの消費文化を共通の媒体とした新たなサブカルチャー（二次創作やパロディ）とそのネットワークである。そこで生まれたサブカルチャーは、若者たちに広まるやいなやふたたびメディアや産業界に取り込まれ、新たな商品として次のサブカルチャーの素材となる。これらのサブカルチャーは、インターネットの普及とともに、地域や国境を越えて商品化されるようになっていく。

このように純粋な消費文化へと変容したサブカルチャーは、もはや「抵抗」でも「ファッション」でもなく、ただひたすら「快楽」を与えるものである。かつてサブカルチャーが「抵抗」であった時代には「権力」のまなざしが、「ファッション」であった時代には「他者」のまなざしが存在していたのに対し、「快楽」になった時代には、もはやそれらのまなざしは存在しない。それは徹底的に自己充足的（つまりオタク的）な営みであり、したがって社会的・政治的現実の変革とも自己確立とも無関係な営みなのである。

3　サブカルチャー化する思想

新たな教養としてのサブカルチャー

上記のサブカルチャーの変化を、青年期のアイデンティティの問題とからめてみると、事態がさらにはっきりとしてくる。つまり、六〇年代の学生紛争から高度消費社会の到来までの時期は、若者たちは既存の権威や政治体制、具体的には軍国主義の父母世代への異議申し立てをするとともに、政治的領域に参画することによってそのような自己を社会的に位置づける必要があった。それはマルクス主義的な理想を掲げることによって、フロイトのいう「父殺し」を政治的領域で実行することになる。当時はマルクス主義の「大きな物語」と、フロイト的なエディプスコンプレックスとその克服という「自己の物語」がまだ重なり合うことができた幸福な時代であり、だからこそ当時の学生たちは旧来の学術的権威や政治的権威を否定し、古い「教養主義」を嘲笑しながらも、ドストエフスキーやロマン・ロランなどの「教養小説（ビルドゥングス・ロマン）」、すなわち自己確立の物語をおおいに好み、称揚したのである。

それはともかく、戦前世代の父母たちが国家という「大きな物語」のなかに自己の存在の意味を埋め込んだのとは異なり、戦後世代は「自己の物語」の延長上に新たな社会体制や理想国家の「大きな物語」を描かなければならなかった。したがって当時の若者たちの「抵抗」のサブカルチャーは、現実社会を拒否してそこからの防波堤をつくり、その防波堤のなかで理想社会を描き出す役割を果たしていたのだろう。しかしその「大きな物語」を見失うと、そこに残るのは「抵抗」としての「自己の物語」だけである。それは権力への抵抗ではなく、自己とは別の他者たちへの抵抗となり、際限のない衝突と分裂をつくりだす原因にならざるをえないし、事実そのようになった。そして団塊世代の次の世代の若者たちが直面したのもそのような状況であった。しかし、もはや政治の季節が終わってしまった後で、彼らは前の世代のように思想的に他者と区別するのではなく、ファッションによって他者と区別せざるをえない。それは別の言い方をすれば、かつての教養（ビルドゥングス＝自己確立）をファッションや商品のうちに求めることであった。[4]

サブカルチャー化する思想

そのように捉えると、八〇年代の終わりには、思想そのものがすでにファッション化・消費財化していたことは否定できない。とくに「ニューアカ（新しいアカデミズムの俗称）」や「現代思想」と呼ばれる領域は、学生紛争が終わり、マルクス主義に代わる（あるいは既存の権威主義的な哲学界から離れた）新たな思想として登場したわけだが、社会変革の目的をもたない読者と著者にとっては、ニューアカ・現代思想は自己確立の手段、あるいはかつての教養小説の代わりになるものでしかない。ようするに現代思想という領域そのものが、もはや高度消費社会におけるサブカルチャーの一種としての役割を果たすようになったのである。

もちろん現代思想に関心のあるすべての若者がそうだというわけではまったくないし、同じようにかつての団塊世代にもファッションとして学生運動に参加した者もそれなりに多くいただろう。しかし、大学における伝統的な学術権威に対抗して、新たに登場した「ニューアカ」の研究者たちが依拠したのは、昔ながらの学会の権威ではなく、一般読者とマスメディアの支持である。じっさい、ニューアカ・現代思想が若者たちにファッションとして消費されることによって、大学における一定の地位を得たことは否定できない事実である。ようするに、一方では若者たちの要求の変化により、他方では思想界と大学における変化により、現代思想もまた消費社会における文化商品、つまり当時のサブカルチャーと同じ役割を果たすようになった。

しかし、ひとたび文化商品になってしまうと、それは流行に左右されるものとなり、したがって流行が終わればその寿命も尽きてしまう。とりわけ九〇年代の新自由主義的政策の拡大にともなって拝金主義の風潮が広がり、大学でも「メインカルチャー」である旧来の人文学の領域が「企業の役に立たない」という理由で削られていくと、その「サブカルチャー」として存在していたニューアカ・現代思想もその商品価値が失われていく。ニーチェやフーコー、ドゥルーズといった思想家たちの言説を扱ったニューアカの論客に代わって、現在の書店の現代思想の棚を賑わせているのは、「ガンダム」や「セーラームーン」などのアニメの専門用語を駆使し、インターネット上のブログやツイッターなどで活躍するさまざまなサブカルチャー評論家たちの著作である。いまや大学ではフーコーやドゥルーズなどの思想に関心をもつ学生たちは激減し、その代わり小林よしのりや東浩紀、宇野常寛などの「メディア文化人」の著作を一生懸命に読む学生のほうが主流であり、そこでは大学人やニューアカの左派の学者たちは時代遅れのインテリとして揶揄されるまでになっている。もはやロボットアニメの「ガンダム」とフーコーの著作は、もはや思想的価値において区別されないのである。[5]

こうしてみると、現在のサブカルチャー思想は「ニューアカの申し子」であり、現代の若者たちにとっての「教養」という側面を部分的に継承していることがわかる。ただし、かつてのニューアカにおいては、浅田彰の『逃走論――スキゾキッズの冒険』[6]（一九八四年）がベストセラーになったことに示されるように、「闘争」のだじゃれとしての「逃走」というかたちで、「抵抗」という主題が形式的に残されていた。しかし、現在のサブカルチャー思想においては、もはや痕跡をとどめないほど「抵抗」という主題が失われている。しかし、それよりも重要なことは、これほどグローバル化した世界状況にありながら、上記の「メディア文化人」たちの著作の多くが「2ちゃんねる」、ツイッターなどのインターネット上の日本人コミュニティの言説や特殊用語に依拠した議論を展開しているという点である。このグローバル化した状況における一種の鎖国的側面は、なぜ田母神氏のような極右の人物がオタクの若者たちに支持されるようになったのか、なぜ日本の世論がこれほどまでに右傾化しているのかを解き明かすカギのひとつであるように思われる。

4　新自由主義的ライフスタイルとその出口

現在の政治・文化・思想状況を考えるために、これまで「サブカルチャー」という用語を導きの糸にして、かつての若者の「抵抗」の文化が現在では自己充足的な消費文化へと移行した過程を整理してみたが、そこで若者たちに支持されている思想の変化を考えているうちに、グローバル化時代の一種の鎖国的状況にいきあたった。しかし、もうひとつの問題が残っている。いわゆるサブカルチャーとその担い手が自己充足的な快楽を求めて「オタク化」しているとしたら、他方で若者たちに支持されている思想にも同様の特徴が現れているのではないか、という問いである。筆者のみるところ、じっさいにそのとおりであり、そのような特徴こそは一部のサブカルチャーに耽溺するオタクの若者を超えて、現在のマスメディアや市民社会の特徴として一般化できるものであるようにと思われる。

サブカルチャー研究の変容

そのことを如実に示しているのが、六〇年代以後のサブカルチャー研究の変化である。先に述べたことの繰り返しになるが、マジョリティ（白人男性など）の支配的文化に対して、それを転覆させるような価値観をもったマイノリティたち（エスニックマイノリティ、女性、ゲイ、レズビアンなど）の対抗文化を指していた「サブカルチャー」という概念は、六〇年代以後の先進国において活発化した労働運動や学生運動、公民権運動、女性解放運動などの基盤となる「抵抗文化」として重要性をもつことが認識され、とりわけ英国では社会学の研究対象となり、その研究が「カルチュラル・スタディーズ」として定着した。それはさらに、旧植民地における文化的抵抗の研究と合流し、「ポストコロニアリズム」と呼ばれる一連の思想をうみだす契機になった。

　このカルチュラル・スタディーズは、日本では八〇年代のニューアカ・ブームのころに紹介されはじめ、九〇年代には国内の人文・社会科学領域で大流行をしたことを覚えている読者もいるだろう。

しかし、当時すでに「抵抗」の文化としてのサブカルチャーを失っていた日本においては、カルチュラル・スタディーズの一部はとりわけ女子中学生のポケベルやケータイの使い方やルーズソックスの長短など、博報堂や電通のような広告代理店の報告書とほとんど区別できない消費動向分析として社会学の領域で定着していった。そのような国内のサブカルチャー研究のあり方を象徴的に示している文章を、ここで引用しておく。

> 西部（邁）は、バブルに踊ることになる日本の大衆消費社会の現状を、文字通り「精神の愚劣」という点から批判した。これに対して、そうした「愚劣」というそしりをあえて受け止めて、「消費の楽しさ」や「消費のよろこび」を見つめなおし、そこに「知」や「モラル」や「精神性」を見てゆくことはできないのであろうか…（略）…。「サブカルチャー的な知」という問題を考えるということは、「大衆論」という観点からすると、このような疑問に答えるということになるように思われる[7]。

つまり九〇年代以後の国内のサブカルチャー研究は、消費社会を積極的に肯定し、消費の快楽のなかに知とモラルを基礎づけようとしたわけだが、それは九〇年代以降の新自由主義政策の進展と高度消費社会化、さらにはポピュリズム化にぴったりと追従する考え方であり、その後の新自由主義的な思想と消費文化を推進する役割を果たすものであったと言ってもよいだろう。しかも、国外におけるカルチュラル・スタディーズがポストコロニアリズムと結びつき、いわゆる新自由主義的グローバリゼーションに批判的な視点を維持しつづけているのに対して、国内の（一部の）サブカルチャー研究がそのような視点を捨てているばかりでなく、むしろ礼賛する態度を示していることも、先に述べた鎖国的状況と同じ側面を示しているように思われる[8]。

新自由主義的ライフスタイルとグローバルシティ

このようにみると、サブカルチャーにどっぷりと浸かった若者たちが幼児的な願望の自己充足を求めて、大人になってもポケモンのカードゲームを買い漁ったり、アニメのフィギュアに大枚をはたいたり、田母神氏を戦争アニメの司令官と同一視したりするのは、なにも「オタク」に限られることでなく、それ以外の若者たちにも、あるいは研究者や思想家たちにも共通する特徴を示していることがわかる。すなわち、インターネット空間の民族的に閉鎖したコミュニティを準拠集団として、都市に特徴的な消費生活を愛好し、具体的な共同体とは無縁で、したがって具体的な社会変革にも社会運動にも関心のない、自己充足的な満足を求めるという点で一致した趣味や嗜好をもつ他者としか関係をもたないような、きわめて個人主義的な思考スタイルの特徴である。

こうした人々にとって「政治」とは、自治会活動や職場や地域の選挙活動に参加するなどといった、自分の日常生活でおこなう出来事ではなく、マスメディアやインターネットで報告される政治家たちの仕事であって、机上のモニタやテレビ画面で眺めることができる仮想的なものでしかない。つまりボードリヤールが述べたような意味で人々の消費生活がますます記号化しているだけでなく、政治さえも記号化（あるいは仮想化）しているのである。そして、そのような人々は東京圏の人口が地方人口を吸い取って拡大の一途をたどっているなか、これからもますます増えていくだろう。というのも、具体的な地域生活共同体から離れて東京へ移住する労働者たちは、バラバラの個人として、現在の新自由主義における弱肉強食の論理にさらされながら、消費生活のうちに自己充足を求めていくだろうからである。そして彼らが抱える不満や不安は、インターネット上の民族的に閉鎖した言説をつうじて膨張し、彼らはその不満や不安を解消してくれる強力な政治家を熱望するようになる。[9] 日常生活において「下」から議論と手続きを重ねていくような民主主義的の政治にまったく関与することのない、「政策の消費者」である彼らが求める政治体制は、「上」からの意志決定システムであり、それは公共事業の民営化の論理を推進する新自由主義的行政理論（ＰＡ理論やＮＰＭ）――つまり市民と政府の関係を株主と企業の関係に置き換える理論――の信奉者たちにとってきわめて都合のよいものである。[10]

　新自由主義的グローバリゼーションとは、つまるところ世界市場のうちに人々の生を統合し、そこから可能なかぎり搾取しようとする動きであり、それは個人に必要なものを共同体を媒介せずにグローバル市場から直接手に入れようとする人々の願望によって支えられている。そしてＴＰＰなどの新自由主義的政策により、都市はますます国内の地方農村に依存することをやめ、グローバル市場から必要品を購入することが可能になるかのように信じられている。こうして、かつて「メガロポリス」と呼ばれた都市の時代は過ぎ去り、現在の「グローバルシティ」は情報、エネルギー、商品、ヒト、カネの巨大なネットワークの結び目として再編成されると同時に、さらなる消費をおこなうために、国内外のローカルな貧しい地域や人々からの収奪の度合いを高め、自然環境や資源の収奪を加速させている。

もはや地球環境破壊が取り返しのつかない状況になり、エネルギーや食糧不足が懸念されるようになった現在にあって、なおエネルギーと食料と資源を際限なく消費しようとするグローバルシティを支える文化は、明らかに幼児的で閉鎖的にならざるをえない。つまり、都市の外部や国外に起こるさまざまな不都合な問題——フクシマ原発事故の影響、地方の過疎、都市労働者の貧困、地球環境破壊など——を「見ない」ことによって、消費の自己充足的快楽を維持しつづけようとするのだ。

「内なる新自由主義」に抗するために

このような時代において、もはや「抵抗」はまったく意味を失ってしまったのだろうか。もはや断念して、消費の快楽に飲み込まれるしかないのだろうか。そして、そこにほんとうに希望はあるのだろうか——そんな馬鹿なことはない。

たしかに、かつてフロイトのエディプスコンプレックスの図式をなぞるような「父殺し」としての権力への抵抗は、もはや意味を失っているだろう。ただし現在において抵抗しなければならない対象は、「父」や「権威」ではなく自分自身なのだ。つまり、麻薬のような都市生活と消費社会を求める欲求に抵抗することであり、面倒な他者とかかわらずに自分だけで充足したいという個人主義的欲求に抵抗することであり、肥大する東京圏の引力に対して地域社会を守るために地方において抵抗することであり、未来の子孫のための世界を食いつぶしても自己充足しようとする自身の幼児的欲求に抵抗することである。際限のない消費生活のうちに知や倫理、希望が見出せると思うのは、麻薬中毒者が抱く幻想でしかない。あるいは、かつてのヒッピー文化においてＬＳＤの幻覚のうちに神を求めるのと同じように、空虚でカルト宗教的な試みでしかない。

私たちの「内なる新自由主義」への抵抗において賭けられているのは、そのようなカルト宗教的な「神」でもなければ麻薬中毒者の幻覚でもなく、未来に実在するはずの「世界」であり、価値である。というのも、私たちが麻薬のような自己充足的快楽に抵抗しなければならないのは、それによって次の世代の人々の世界を守るためであり、自分の生の意味を未来の人々と世界へとつなげるためなのだから。別の言葉で言えば、それは私たちが市場に売り飛ばしてしまった未来の世界と価値を、ふたたび私たちの手に取り戻すことである。そのような抵抗が現実社会において広がるとき、私たちは新自由主義と真の意味で手を切ることができ、別の世界が可能になるはずなのだ。

終章　中世の復活？
——自然共生型社会のための次世代パラダイムについての試論

二〇〇一年に採択された「ミレニアム開発目標（ＭＤＧｓ）」がほとんど達成できなかったことの反省から、その後継として、二〇一五年九月の国連サミットで「持続可能な開発のための二〇三〇アジェンダ」に記載された「持続可能な開発のための諸目標（ＳＤＧｓ）」が採択された。こちらは急速に市民社会に浸透し、いまや行政も企業も大学も金科玉条として唱えるようになった。ＳＤＧｓが前身のＭＤＧｓとは比較にならないほど広く認知されるようになった背景には、地球温暖化とグローバル経済の暴走による格差の拡大に、ＭＤＧｓが採択された二〇年前とは比較にならないほど人々が危機感を抱くようになったことが挙げられるだろう。

学術界では、社会学や経済学、医学、法学、工学などの社会科学や実学領域を除けば、かなり以前から近代文明の自然破壊的・自然支配的な側面が批判されてきた。とりわけ文学や哲学や宗教の領域においては、自然と人間の関係は近代文明の根本的問題として取り組まれ、（半ば無自覚ながら）自然共生型文明への移行の必要性が主張されてきた。そこで大きな課題とされてきたのは、デカルト哲学に代表される近代的自然観と人間観である。というのも近代科学が成立し、また近代社会の諸制度が構築された基盤にあるのは、心身二元論に象徴される近代的自然観にもとづいているからである。しかし近年、地球環境危機の深刻化とともに、この二元論の克服の動きは学術界においても加速しており、そこから新たな（学術的）自然観が少しずつではあるが、はっきりと姿を現しつつある。

最後になったが、終章では将来の自然共生型社会の実現――よく謳われるこの言葉の意味するところが、実際には先進諸国の都市生活者にとってどれほど過酷で、現状ではその実現がどれほど困難であるかは、重々承知しているつもりだ――に向けて、現在、人文社会科学でも姿をとりつつある新たな自然観の構築に向けた動向とその課題について、筆者の関わる里山研究との関連から雑ぱくであるが、私見を述べてみたい。

1　近代的自然観の背景

まず近代的自然観がどのように生まれ、それが近代社会とどのような関連をもっているかをかんたんにまとめてみよう。

前史——宗教と近代科学

古くから人間はヨーロッパにかぎらずアジアでもアフリカでも、他の動植物と同様に自然の一部と捉えられ、世界は自然（あるいはその上位者である神）の摂理によって成り立つものと考えられてきた。そして人間社会もまた、自然の摂理に従うことが善とみなされた。西欧世界では、古代ギリシアの哲学者アリストテレスが、自然《フェシス》を万物の変化の原因とみなし、世界の目的を善とみなす倫理的世界観にもとづいて一大学術大系をつくりあげ、のちに「万学の祖」と呼ばれた[1]。

その後、中世ヨーロッパの政治文化を支配したカトリック教会にとって、教義上もっとも厄介な問題は「神」と「自然」と「人間」の関係であった。というのも聖書では神が世界を創造したと書かれている以上、自然（被造物）は神と区別されるべき実在である。したがって神を自然と同一視するアニミズムや多神教、汎神論は邪教や異端として断罪された。しかし、災害などの破壊現象や病気などの「悪しき」自然現象は、どう考えればよいのか。また、自然界における人間の位置はどうなるのか。神はなぜそれらの現象や人間を不完全なものとして創造したのか。こうした問題をめぐる神学上の争いは教会を悩ませたが、最終的に神学者トマス（一二二五－一二七四）が「神の恩寵は自然を損なうことなく自然を完成させる」と説き、人間の役割を神と自然のあいだに位置づけたことで争いは収束するかにみえた。しかし、西欧で失われていたアリストテレスの著作（自然学、形而上学など）が十字軍をつうじてアラビア世界から流入すると、観察にもとづいて把握された自然界の摂理と、聖書に書かれている天上界の摂理を切り離して理解しようとする動きが加速した。その代表的な一派がオッカム（一二八五－一三四七）を代表とする唯名論者たちであり、彼らは「普遍的なもの（観念）は名詞にすぎず、実在するのは具体的な個物のみである」と主張し、さらに「個物は理性によって、神（普遍的なもの）は信仰によって把握される以上、教会は信仰のみを扱うべきであって自然（個物の世界）を扱うべきではない」という主張を展開する。それに対抗した実在論者と呼ばれる保守的神学者たち（一般には「普遍こそが実在で、個物はその影にすぎない」と主張したとされるが）は、ドゥンス・スコトゥス（一二六五－一三〇八）をはじめ、具体的な個物（とそれらからなる自然）は普遍的なもの（観念や神など）と入れ子になっており、「個のうちに普遍がある」と捉える、いわばミクロコスモスの思考を展開した。

唯名論者は当初は異端として排斥されたが、王権が強まりカトリック教会の威信が失われていくとともに唯名論が知の主流となっていく。その流れは、オッカムを敬愛する熱心な唯名論者であるマルティン・ルターが宗教改革を開始し、さらにコペルニクスなど自然科学者たちの科学的発見が相次ぎ、ついにデカルトが登場することで決定的なものとなる。[2]

社会契約説と近代的自然観

よく知られているようにデカルトは『方法序説』（一六三七年）で、科学的論証の確実な根拠を求め、自分の身体や認識などあらゆるものの実在を疑った末に、そのように疑う「私」の実在だけは疑いえないとして、「我思うゆえに我あり《コギト・エルゴ・スム》」と宣言した。この言葉の歴史的意義については省略するが、本論で重要なのは、この言葉によってデカルトは「私の実在」を確たるものと認めつつ、「世界の実在」を二次的なものとした点である。彼の言葉は、それまでの宗教的世界観から現在の科学的世界観への飛躍を果たすものであり、実在論に対する唯名論の最終的勝利を告げるものであった。というのも、個別的なものの実在しか認めないとすれば、普遍的なものは実在ではなく、たんなる頭の中の観念にすぎなくなる。たとえば、目の前の「このバラ」は実在であるとしても、「バラ一般」なるものは実在しないとみなされる。それと同様に、多くの個物は認識できても、それらの総体である「世界」やそれらの次元を越える「神」は具体的な個物として認識できない以上、世界や神は実在ではない、もしくは経験的には認識不可能な観念的実在とみなされる。この観点はカントからウィトゲンシュタイン、現在の構築主義にいたるまで哲学や社会思想の主流をなしており、また具体的な事物を扱う自然科学に論理的根拠を与えるものとなった。さらに「考える私」という「精神」的な主体にたいして、自然は「物質」的な客体とみなされた。そこから精神と物質の根本的な区別がおこなわれ、近代的自然観(あるいは機械論的自然観)が確立され、科学と工業の時代の幕が開かれた。

さらにデカルトとほぼ同時代人のホッブスは、デカルトの自然観と「運動量保存則」にもとづきつつ、それに修正を加えることで、近代社会制度の最初の設計者となった。ホッブスは、人間も含む自然界における個々の存在は自己の運動状態を維持しようとする「自己保存の原理」に支配されており、そのため自然状態の人間は自己を保存するために他者を犠牲にする「万人の万人にたいする闘争」の状態に置かれると考えた。そして、そこから脱却するためにはもっとも強者である人物(王)と個人のあいだで契約が必要であることを説き、「社会契約説」を創始した。あとに続くロックやルソーも、ホッブスの自然観と「自己保存」概念を継承しつつ、より民主的な体制の必要性を説き、その後の近代市民社会（と国家）の理論的基盤となる。

したがって社会契約説に依拠して設計された近代社会の諸制度は、そもそもの出発点からデカルトの近代的自然観にもとづいており、近代社会のもうひとつの特徴である個人主義とともに、思想史的観点からは唯名論の系譜に連なっている。ヨーロッパ大陸ではデカルト以後、理性的人間像と合理的世界観（大陸合理論）が定着し、個人も国家も自律的かつ合理的存在と認識された。さらに個人は全体としての国家のために奉仕すべきとする国家主義が広がり、子どもや女性、非西欧人は理性を欠いた存在として「啓蒙」の対象とされていく。他方、イギリスではロックやヒュームの系譜（イギリス経験論）を経て、ホッブスの自己保存を求める人間像から自由主義の思想（経済学）が発展を遂げ、資本主義を支える基盤となった。この二つの流れは時代と場所によって異なる仕方で絡み合い、また補い合いながら、帝国主義や植民地争奪戦を支えるイデオロギー（西欧中心主義・理性中心主義）として、また自然環境のかぎりない収奪を促すイデオロギーとして展開していく。

2　実在論の復活と新しい自然観

しかし、実際の歴史はそこまで単純なものではない。これまでに述べた近代的自然観に対して、別の自然観も同じく学術界に継承され、近年それは勢いをもって復活しつつある。

反デカルトの系譜

哲学史では、唯名論の流れを汲むデカルトにたいして、当時から反対の立場を表明する神学者や哲学者たちも少なくなかった。その代表的哲学者がスピノザである。スピノザは主著『エチカ』（一六七七年）において、当時の科学的知見と合致する新たな思考基盤を打ち立てるというデカルトの主旨に賛同しつつ、デカルトの心身二元論を真っ向から否定して「心身並行論」と呼ばれる独自の議論を展開し、またホッブスの「人間にとって人間はオオカミである」という主張に対抗して「人間にとって人間ほど有益な存在はない」と延べ、ホッブスと正反対の社会理論を展開した。続くライプニッツは、カトリック神学とアリストテレス哲学を継承しつつ、スピノザと同じ主旨からロックの人間観に対抗し、当時としては最新の科学的論理（微積分など）を駆使して宗教と科学の調和を図る、独自の哲学大系をつくりあげた。

　この両者に共通しているのは、いずれもデカルトやホッブス、ロックが継承した唯名論的な思考と近代的自然観がそれまでの倫理的世界観を崩壊させることへの危機感を抱き、宗教的立場から、中世の実在論的な思考を近代科学の知見に合致する仕方で展開したことにある。彼らは世界（神、自然）をたんなる抽象的観念とみなす唯名論を否定し、世界（神、自然）を実在とみなした。そこから唯名論が切り離した個と普遍、デカルトが切り離した精神と物質、人間と自然の関係を結び直そうとしたのである。

そのような実在論の系譜に立つ思想家や研究者は、思想史や科学史には近代以降しばしば登場する。彼らはそのたびに論争の火種となり、最終的に「ロマン主義」「神秘主義」のラベルを貼られ、歴史の表舞台から消え去っていく。スピノザやライプニッツ以後もニーチェ、タルド、フロイト、ライヒ、ホワイトヘッドといった多くの思想家や科学者たちが、その領域の「正統派」に対抗する「異端」の思想を展開し、そのたびに主流派から否定されることになる。さらに第二次世界大戦を経て、ドイツのフランクフルト学派などにより近代的思考様式への批判が強まっていくと、しだいに「反デカルト主義」「近代批判」の思想潮流が姿をとりはじめる。そして環境破壊や戦争、民主主義の衰退など近代的諸制度のほころびが目立ちだした七〇年代末、リオタールが『ポストモダンの条件』（一九七九年）で近代精神の終焉を宣告すると、近代の論理的基盤であるデカルトの近代的自然観と心身二元論を克服する思想潮流が世界的に広がっていく。

実在論の復活

このような動きを先導したのは、七〇年代以後のフランスの「ポストモダニスト」と呼ばれる思想家たちであった。たとえばフーコーは近代社会の成立過程とその変容過程の歴史を明らかにした。さらに哲学者のドゥルーズは、スピノザとライプニッツに関する独自の研究などにより、実在論の系譜を現代に復活させる大きな役割を果たした。また彼の友人でしばしば共同作業をおこなった精神科医のガタリは、統合失調症に関する独自の実験的治療と研究から出発して、精神病理・社会病理・自然環境破壊を同一のエコロジー的問題として捉える視座を提供した。さらにドゥルーズとガタリの影響のもと、（とくにプリコジンとのカオス理論に関する著作で知られる科学哲学者のイザベル・スタンジェールが中心となった緩やかな科学・思想のネットワークから）次世代の研究者たちが登場し、いわゆるフランス現代思想が展開していく。彼らに共通するのは、近代的な知の基盤を根底から問い直し、新たな知の基盤を追求した点であり、その運動は哲学や精神医学、社会科学にまで及んでいる。

たとえば文化精神医学者のトビ・ナタンは、近代精神医学においては錯覚ないし思い込みとみなされる「憑依」が、西洋近代医学における統合失調症や適応障害と同じく「実在」とみなされるべきことを主張している。[3] 人類学者のブルーノ・ラトゥールは、物質的な事物を人間と同じ「アクター」とみなし、その関係性を問うことで、近代的自然観（機械論的自然観）の背後に非近代的自然観が横たわっていること、また物質と精神を別物とみなすデカルト的二元論が自然科学領域においても欺瞞であることを告発し、「アクター・ネットワーク・セオリー（ANT）」と呼ばれる文化人類学・科学人類学の手法を広めた。[4] この理論は、現在では学術界のみならず、国連の環境政策などにも大きな役割を果たすようになった。またブラジルの文化人類学者のヴェヴェイロス・デ・カストロは、自然科学および社会科学に共通する近代的自然観に潜んでいる西欧中心主義的思考、また、現在先進諸国の社会や学術界で重視される「多文化主義」の欺瞞を告発し、アマゾン川流域の先住民の伝統的自然観と近代的自然観を等価とみなす「多自然主義」を提唱した。[5] 彼によれば、多文化主義は「単一自然観」、つまり西欧近代の機械論的・物質的自然観を前提としており、したがって西欧中心主義・近代至上主義的な価値観にもとづいている。そこから脱するために「単一文化観」、すなわち思考能力や理性と言語の使用など人類に共通の文化を前提として、自然観の多様性を認めることが必要であるとされる。

二一世紀になると、ここで述べた潮流に注目が集まるようになり、近年では英米圏の哲学者たちがその影響のもとで「思弁的実在論」という思想的潮流を提唱したり、ドイツのマルクス・ガブリエルが「新実在論」を標榜したりして、反響を呼んでいる。また政治学の分野では別の文脈から「批判的実在論」の流れが生まれるなど、哲学や人類学を中心とする人文学領域および一部の社会科学領域において、中世以後に忘却された「実在論」を、新たな仕方で復活させようとする動きがはじまっている[6]。

「中世の復活」と学術パラダイムの転換

このような人文学および一部の社会科学における「実在論の復活」が注目を集めるのはなぜだろうか。紙数の都合上、背景に絞って簡潔にまとめると、その大きな理由のひとつとして、地球環境危機の深刻化により人類の持続可能性が強く脅かされていることが誰の目にも明らかになり、次世代文明への移行が議論の前提となりつつある状況が挙げられる。

近代の科学と社会制度の基盤にある近代的自然観が、現在の世界的課題である貧困と格差、自然環境破壊、生態系破壊などの根底に潜んでいることは、世界中の多くの思想家たちが認識するようになって久しい。とくに資本主義の暴走を食い止めるはずの近代市民社会の諸制度が、もはや目を覆わんばかりに機能不全に陥っていることも、シュトレーク[7]などの社会科学者たちが指摘するとおりである。つまり「近代」の終わりと崩壊が目に見えるようになった現在、私たちの目の前に現れているのは、ある意味では近代以前への逆戻りであり、ここではそれを思い切って「中世の復活」と呼ぶことにしよう。

　この「中世の復活」は、さまざまな領域で報告されている。たとえば、人文地理学においては、先進諸国を含む世界中で近代市民社会の精神が衰退し、人権や平等といった近代的理念が廃棄され、いまや「新封建主義（Neo-feudalism）」[8]と呼ばれる新たな社会体制をつくりつつあると指摘されており、なかにはそれを「再封建化（Refeudalization）」と呼ぶ研究者もいる。[9]たとえば経済格差の拡大により貧困が世代間をつうじて再生産され、中世にみられたのと類似した、新たな「階級社会」が登場していることは周知のとおりである。また先進諸国の政治領域では国家からも近代的理念が失われつつあり、民族差別や女性差別を感情的に訴える右派ポピュリズムが拡大し、それに支えられた極右政権がきわめて復古的な政策を推し進め、八〇年代まで主流であった中道左派政党が没落する現象が広がっている。

　しかし、本書の趣旨に照らしてさらに重要なことがある。それはＳＤＧｓに象徴される地球全体の自然環境と人類の持続可能性の追求も、先の例とは異なるかたちで「中世の復活」を促している点である。市場と都市生活に支えられた近代人の生活様式は市場の拡大によって大きく発達し、いまや誰もがグローバル市場をつうじて世界中から商品を購入できる時代になった。しかし、そのような地球規模の巨大市場経済に依拠する先進諸国の都市生活は自然資源を過剰に消費するため、地球全体を持続不可能な状況に陥らせる原因となっている。たとえば世界中の人口がアメリカ人と同じ生活を営むと、地球が四つあっても足りない状況である。かつて中世においては、基本的には各地域での自給自足が主流であり、自然環境が維持される範囲以内で政治・経済・社会活動が営まれていた。現在の人類に求められているのも、地球の自然環境が維持される範囲内で政治・経済・社会活動を営むことである。つまり、人類は地球規模で、近代から（新しいかたちで）中世へと移行する必要に迫られている。

先に述べた思想界における「実在論の復活」も、そのような背景から生じているように思われる。近代的世界観が現在の地球規模の危機の根本的な原因であり、しかもそれが機能不全に陥っているのであれば、今後の学術・思想が進むべき道は二つしかない。ひとつは近代的世界観を修復ないし補完することであり、もうひとつは近代的世界観を捨て去り、別の論理的基盤を探すことである。実在論の復活は――それがほんとうに中世の流れを汲む「実在論」であるとしたら――後者に位置づけられるべきであろう。いずれにせよ、人文・社会科学の一部で起こっているこの新たな動きは、それが地球環境危機の深刻化を背景にしているという前提に立てば、それは学術的なパラダイム転換として、これからの知的世界の再編を進める原動力になるはずであり、その動きはすでに始まっている。

3　自然共生型社会への移行のために

ここで筆者の関わる里山研究について触れたい。第一部で述べたように、そもそも「里山」は「人間の手が入った自然」すなわち「二次的自然」であると同時に、人間の社会生活の伴侶でありつづけてきた「文化としての自然[10]」とみなされている。したがって里山という概念は、「人間／自然」の二項対立を前提とした近代的自然観の矛盾を指摘する概念である。近年、この里山としての二次的自然の領域は、地球環境問題や気候変動、生物多様性危機を克服するための重要な領域であることが認識され、二〇一〇年に名古屋で開催された「生物の多様性に関する条約の第一〇回締約国会議（COP10）」で「里山イニシアティブ」が採択されて以後、現在進行中の「生物多様性及び生態系サービスに関する政府間科学＝政策プラットフォーム（IPBES）」においても、中核領域として取り組まれるようになった。

かつて主流だった環境保護イデオロギーは「（人の手が入らない）純粋な自然」、すなわち「一次的自然」を手つかずのままに保全することを主眼としてきた。そのような観点は、近代的自然観の「人間／自然」あるいは「社会／自然」の二項対立を前提としている。しかし、現在の国際的な里山（二次的自然）への取り組みでは、そのような「（自然から独立した純粋な）人間」と「（人の手の入らない純粋な）自然」の二項対立にもとづいて自然を保護するのではなく、中間領域である「里山」を媒介として、その二項対立そのものを克服することが課題となっている。

実際、人間も含むあらゆる生物は、それを取り巻く環境と「共進化」してきた。つまり人類はつねに環境に影響を受けるとともに、環境に影響を与えつづけてきた。その前提に立てば、（人の手の入った）里山的自然のほうが人類にとってほんらいの自然環境であり、近代的世界観が立脚する「人間」と「自然」の二項対立のほうが、極端にいえば「幻想」であると言える。この問題を先ほどの「実在論の復活」という観点から捉え直せば、デカルトの心身二元論における「精神／物質」あるいは「（精神としての）人間／（物質としての）自然」のような二項対立を排して、一例としてはスピノザの心身並行論にもとづいて捉え直すことも可能であろう。すなわち、「里山（人間と自然が区別されない場所）」こそが唯一の実体で、「自然」と「人間」はその二つの異なる側面にすぎないとみなすこともできるだろう。それが突飛な考えでないことは、すでに「人新世」をめぐる議論が示している。地質学者たちが提出した「人新世」とは、人類が地球の自然環境に重大かつ不可逆な影響を与える時代を意味する概念である。科学的データからみれば、人新世は遅くとも一八世紀から一九世紀に始まると考えられる。したがって近代市民社会と近代科学の成立時には、すくなくとも西欧において純粋な「自然」――近代社会と学術の根底にある観念――など、すでに幻想であったことが示唆されている[11]。

この点において「人新世」の概念の重要性は、いかなる人間も自然と切り離せず、また、いかなる自然も人間と切り離せないことをあらためて提起していることにある。たとえば、かつてダム開発において生態系破壊はあまり問題にされず、住民の集団移転が問題とされることが多かった。しかし、実際には両者は切り離せないどころか、同じ問題の二つの現れ方にすぎない。というのも、伝統的生活が営まれている地域の自然環境や生態系が、そこに住む人々と共生的なものであれば、その自然環境を破壊することは、そこに住む人々の生活を破壊することと同義であるからだ。そうであれば、身近な里山のような二次的自然を再生することは、そこに住む人々の生活を再生することでもなければならない。この観点を一般化し、また地球上の自然環境のほとんどが二次的自然——人の影響を受けた自然環境——であることを踏まえれば、地球の自然環境を再生することは、地球上に住む人類の生活を再生することでなければならない。

かりにこのような観点から、デカルト的な「精神／物質」の二項対立も克服されるとすれば、これまで個人の内面にしか認められなかった「精神」と、個人の外部に広がる「物質」世界としての自然環境は、たとえばスピノザ的な心身並行論にもとづけば、同一の実体の二つの異なる「現れ」とみることが可能になる。いいかえれば人間精神というミクロコスモスと地球環境というマクロコスモスを同一のものとして理解することが可能になる。そのときには宗教的直観にもとづく以下の言葉にも合理性と科学的正当性が認められることになるだろう。

「内的な意味での荒れ野があまりにも広大であるがゆえに、外的な意味での世の荒れ野が広がっています」[12]——この前教皇ベネディクト一六世の有名な言葉は、多くの人々にとって直観的に正しいと思われるだろう。しかしデカルト的二項対立にもとづく科学的認識においては因果関係に疑問符が付されるだろう。個人精神の荒廃は、社会や自然環境の荒廃と直接の因果関係をもたないとされるからだ。そのような認識に立つかぎり、多くの人々は環境問題を自らの問題として情熱的に引き受けることも、積極的に動くことはないだろう。むしろ科学者や政治化など専門家集団の知見に頼り、彼らにお任せすることを選ぶだろう。しかし、ＳＤＧｓの諸目標が多岐にわたることに示されるように（さらにＳＤＧｓの不十分さを厳しく批判する向きがあるように）、現在の人類の持続可能性の危機は、たんに生物多様性の危機やエネルギー資源の危機だけでなく、格差や不平等といった社会的なさまざまな危機と一体をなしており、それらの危機はすべて自分たち自身のあり方を根底から問いかけている――多くの人々は、そう直観的に認識している。そして学術界が持続可能社会に向けた実践的提言をおこなうことを目指すものであるなら、そのような直観を論理的に支え、人々を自発的な実践を促すものであるべきだろう。

他方、地球環境危機に象徴される近代的秩序の機能不全と衰退を前にして、くり返しになるがこれまで覆い隠されてきた「中世的なもの」が私たちの前に姿を現しつつある。学術界や宗教界の先に述べた動きだけでなく、スラム化や反知性主義ポピュリズム、新封建主義と呼ばれる市場奴隷化、宗教的原理主義も、その姿の暗い影のうちに加えることができるだろう。それでも、それが近代に失われたものを取り戻しにやって来ていることは確かであり、その姿は今後ますますはっきりしてくるだろう。

おわりに——都市の裁きと訣別するために

本書に収録したのは、この十年ほどのあいだに筆者が社会状況について考察した論考であるが、今回の出版にあたって読み返してみて、あらためてこの十年間の社会情勢の変化の激しさを痛感させられたと同時に、驚くほど変わっていない側面を思い知らされた。

たとえば政治的領域におけるＳＮＳやマーケティング的手法の影響については、当時から大きく進展し、アメリカでのトランプ政権を経て、もはや多くの人が認識するありふれた現象になってしまった。また東京では「都民ファーストの会」が都政の実権を握り、大阪の「維新の会」、名古屋の「減税日本」とともにポピュリズム政党が三大都市圏を席巻するようになり、その状況が定着した。二〇〇〇年代のはじめには盛んに批判された「新しい公共経営（ＮＰＭ）」も現在ではすっかり定着し、現在では学術界でもＮＰＭのさらなるバージョンアップとして「ポストＮＰＭ」が盛んに提唱される状況である。さらに、大学が就職予備校であることはマスメディアと市民社会の前提となり、キャリア教育も人文学不要論も現在では疑問に思われなくなってしまった。そうした意味で、この十年ほどのあいだに、本書で扱った問題をめぐる社会情勢が大きく変わったことを痛感させられた。しかし、それは本書で扱った諸問題が、執筆当時の領域や地域を超えて、大きく広がった結果でもある。その意味では、本書で論じた基本的な図式や問題が、執筆時点とまったく変わっていないことを思い知らされた次第である（だからといって嬉しい気持ちにはなれないのだが）。

　さて、以下では本書とその主題について若干の補足的な説明を述べておきたい。

「都市」という言葉について

「都市」といえば、中心部に堂々たる官公庁や企業の高層ビルがそびえ、百貨店や小売店のきらびやかな店舗が並び、周辺部の静かな場所にはマンションやアパート、その外側には広大な農村地帯が広がる——現在でもそのような光景を思い浮かべる読者がいるかもしれない。それは古典的な都市のイメージ、すなわち二〇世紀前半にアメリカの社会学者バージェスの提唱した「同心円モデル」が成り立つような都市である。たしかに、まだそのような都市が一部に残っているのも事実である。しかし現在のグローバル資本主義世界では、先進諸国でも途上国でも、そのような古典的な都市イメージは通用しなくなっている。むしろ中心部も郊外も農村も含めて「都市」に飲み込まれてしまっている。

　実際、今世紀に入って、世界的な都市化とそれが引き起こす諸問題についての議論が世界中で盛んにおこなわれるようになった。とくに、かつて途上国と呼ばれたアジア・アフリカ諸国では、一九八〇年代から加速する新自由主義的グローバリゼーションによって、既存の社会構造が根底から組み換えられ、スラム拡大や環境破壊をはじめとする諸問題が激化している。またインターネットなど情報技術の発展により、漁村や農村がそのまま都市化する――その場にいながら生活様式が都市化する――など、人文地理学や社会学の領域では、もはや従来の都市と農村の区別が成り立たなくなったと考えられている。

本書で「都市」という言葉は、具体的な場所やイメージとしての古典的な意味での都市も含むとはいえ、もっと広く「都市的なもの」、つまり都市化を駆動する歴史的プロセスとその諸要因を指す意味で主に使われている。というのも、都市を具体的な空間や事物（モノ）としてではなく、出来事（コト）として眺めてみると、それは歴史的な起源と空間的な広がりをもつ都市化の巨大なプロセスであり、その駆動要因には経済的要因も社会的要因も政治的要因も、そして何より心理的要因――自然環境の影響からも共同体のいざこざからも解放され、自由で快適な屋内生活を営みたいという欲望――も含まれる。そのような都市化のプロセスは、いまやかつての都市と農村を、新たな空間――本書はグローバルシティという語をその空間を指すために用いることを提案している――のうちに飲み込みつつある（たとえばインドネシアの「デサコタ」と呼ばれる都市と農村の混交形態）。

このような都市化のプロセスは、たしかに前世紀末からの新自由主義グローバリゼーションの拡大によって加速していることは事実であるが、だからといって都市化は、新自由主義や資本主義と同義であるというわけではない。社会主義的な都市化もあれば、共産主義的な都市化も、また古代的な都市化もある。実際には都市は、それらすべての乗り物なのである。というのも社会主義や資本主義にかぎらず、上記のすべては、都市から生まれたものだからである。その意味で、現在の地球規模の持続可能性危機において提起されている問題は、まさに文明（civilization＝都市人化）そのものであり、それこそは「人新世」という概念が提起した問題にほかならない。本書のサブタイトルに「人新世」という言葉を大袈裟すぎるという批判が出ることを承知の上で掲げたのも、現在の私たちの目の前で起こっている諸問題について、そのような観点から捉えることの必要性を訴えたいと思ったからである。くわえて本書で「脱都市」という言葉を使っているのは、たんに都市から農村に移住することを指すわけではない。もちろん地方や農村への移住が進むことは必要であると考えるが、先述したように都市／農村の二項対立図式はもはや通用しない。そもそも私たちが「農村」とみなしている場所も、農村社会学では「近代農村」と呼ばれ、近代になって都市の食糧基地として市場経済に飲み込まれた農村である。したがって「脱都市」と呼んでいるのは、そのような都市／農村のペアから脱出すること、つまり都市と農村を飲み込む現在の「都市化」のプロセスから脱出することを意味している。本書では都市化のプロセスに対峙するものを「自然」という言葉で表現しているが、その説明が不十分であることは重々承知している。いずれ近い将来にもっと明確な説明を与えたいと思っている。

タイトルについて

本書と第三章のタイトルである「都市を終わらせる」は、もともとアントナン・アルトーの作品名をもじって「都市の裁きと訣別するために」とする予定であった。ただ、それではふざけた印象を読者に与えることになると思い、より一般的な言い方に修正した。しかし実際にはふざける意図はなく、それどころか反対に、大真面目にアルトーの思想を都市論（脱都市論）として展開することを考えていたし、現在もその構想を抱いている。

「はじめに」でも触れたように、もともと筆者はラカン派精神分析の研究から、その精神病についての理論に疑問を抱いたことが出発点となり、社会学や社会思想、さらに環境問題の領域に踏み込んでいくことになったのだが、そのさいラカンに統合失調症の診断を下され、長期間にわたり精神病院に収容され、その問題を告発したアルトーの著作は、折に触れて筆者の導きの糸になってきた。というのも、アルトーが告発したのは「精神病」をつくりだす近代医学であり、近代市民社会であり、ひいては西欧の「文明」のあり方そのものだったからである。またアルトーが見出したのは、そのような文明という幻想を超えた実在――『神の裁きと訣別するため』では「器官なき身体」や「大地」と呼ばれる――であり、その実在の側に立って思考することだったからである。

そのような経緯から、最後にアルトーに敬意を表しておきたいこともあり、このあとがきに副題を付け加えた次第である。実際、本書に収録された論考のすべてに通底しているのは、「都市の裁き」によって裏側に追いやられた自然――雨や風、細菌や昆虫、動物や私たちの身体も含む――を何らかの形でひたたび表側にひっくり返すことが、もはや避けられないだけでなく、必要になった時代に私たちは生きている、という観点である。そうであれば、アルトーが述べた次の言葉も近い将来には実現するかもしれない。

そのとき人間は再び裏返しになって踊ることを覚えるだろう。
まるで舞踏会の熱狂のようなもので
この裏とは人間の真の表となるだろう。

——アルトー『神の裁きと訣別するため[1]』

註

序章

［1］P. J. Crutzen and E. F. Stoermer, The “Anthropocene”, *IGBP Newsletter*, (41), 2000, pp.17–18.

［2］*Ibid.*, p.17.

［3］W. Steffen et al., The Anthropocene: conceptual and historical perspectives, *Philosophical Transactions of The Royal Society A Mathematical Physical and Engineering Sciences*, 369, pp.842–867, 2011.

［4］*Ibid.*, p.862.

［5］L. Howard, *The Climate of London*, 1833.

［6］赤津政彦「一九世紀中葉のイギリスにおける大気汚染問題——一八四四年「煙害禁止法案」をめぐって」（『歴史と経済』、四七巻四号、二〇〇五年、一七–三二頁）。

［7］E. Chadwick, *Report on the Sanitary Condition of the Labouring: Population of Great Britain*, 1842.（通称「衛生報告（Sanitary Report）」）

［8］L'empreinte écologique, *Le dessous des cartes* :coffret DVD vol.3–12, Arte Editions, 2011.

［9］「環境と向き合うまちづくり」、ＷＷＦジャパン、二〇一九年。https://www.wwf.or.jp/activities/data/20190726sustinable01.pdf

［10］　たとえば M. J. Lynch et al. *Green Criminology: Crime, Justice, and the Environment*, University of California Press, 2017.　など。

[11] 地球規模の問題を解決するには、やはり地球規模の世界政府が必要だという考え方は、左派であるか右派であるかを問わず広くみられる。この考え方の問題点については、拙訳のヴォルフガング・シュトレーク『資本主義はどう終わるのか』（村澤真保呂・信友建志訳、河出書房新社、二〇一七年）とその訳者解説で説明しているので、関心のある方は手に取られたい。

[12] 藤田紘一郎『空飛ぶ寄生虫』、講談社、二〇〇〇年。

第一章

[1] マイク・デイヴィスの『感染爆発——鳥インフルエンザの脅威』（柴田裕之・斎藤隆央訳、紀伊國屋書店、二〇〇六年）はこの問題を早くから指摘した著作である。あわせて彼がグローバルな貧困問題（『スラムの惑星——都市貧困のグローバル化』、酒井隆史監訳、明石書店、二〇一〇年）に警鐘を鳴らしていたことは、私たちの目の前に感染症と都市貧困の問題が迫ってきた現在の状況から考えると、その慧眼に驚かされる。

[2] たとえば藤田紘一郎『笑うカイチュウ——寄生虫博士奮闘記』（講談社、一九九四年）や五箇公一『終わりなき侵略者との闘い——増え続ける外来生物』（小学館、二〇一七年）など。

[3] 農耕文明の開始と感染症の問題が表裏一体であることは山本太郎『感染症と文明——共生への道』（岩波書店、二〇一一年）をはじめ多くの文献が示すとおりである。他方、統合失調症についても同じことが言える。中井久夫『分裂病と人類』（東京大学出版会、一九八二年）で描かれている分裂病（統合失調症）の歴史は、感染症史と大きく重なっている。中井がもともとウィルス学者であったことも関係しているとはいえ、両者とも人類の文明と自然の関係を含むエコロジカルな問題として、同じ領域——本稿の終わりで触れる「実在」の領域——を指し示す、つながりの深い現象である。中井の統合失調症論とウィルス学や免疫理論との関係については拙著『中井久夫との対話——生命、こころ、世界』（村澤真保呂・村澤和多里著、河出書房新社、

二〇一九年）を参照。

[4] B. B. Singh et al., Role of India's wildlife in the emergence and re-emergence of zoonotic pathogens, risk factors and public health implications, *Acta Tropica*, 138, 2014, pp.67-77.

[5] 丸山徳次「持続可能社会と里山の環境倫理――里山学の展開」（村澤真保呂・牛尾洋也・宮浦富保編『里山学講義』、晃洋書房、二〇一五年、二五-五七頁）より。

[6] マツタケと人間の関わりについては、日本のマツタケ事情を文化人類学的見地から分析した以下の著作を参照。アナ・チン『マツタケ――不安定な時代を生きる術』赤嶺淳訳、みすず書房、二〇一九年。

[7] W. Steffen, et al. The Anthropocene: conceptual and historical perspectives, *Philosophical Transactions of The Royal Society A Mathematical Physical and Engineering Sciences*, 369, 2011, pp.842-867.

[8] このような極端な言い方には批判もあるだろう。通常「二次的自然」という言葉は農林漁業により活用される自然領域を指しており、公害や環境破壊により本来の姿を失った自然領域を指していないからである。しかし本論では強引だが「二次的自然」を「人間により改変された自然」と広い意味で解釈し、ゴミや公害や外来生物の移入などにより従来の姿を失った自然領域も含む概念として使用する。

[9] E. Chadwick, *Report on the Sanitary Condition of the Labouring: Population of Great Britain*, 1842.（通称「衛生報告（*Sanitary Report*）」）

[10] 江口重幸「滋賀県湖東一村における狐憑きの生成と変容――憑依表現の社会-宗教的、臨床的文脈」（『国立民族学博物館研究報告』一二巻四号、一九八七年、一一一三-一一七九頁）。

[11] ツヴァイク全集 第一巻『アモク』渡辺健ほか訳、みすず書房、一九七三年。

[12] 中井久夫『治療文化論――精神医学的再構築の試み』、岩波書店、一九九〇年、三九頁。

[13] 中井久夫『治療文化論』を参考に筆者の解釈で改変し作成。

［14］近年に精神科医が処方する「薬」がその防波堤として認識されるようになりつつあるが、そこでは先の狐憑きのような自然との交流はなく、代わりに国家（医療行政）と市場（製薬企業）との貨幣を介した交流がある。

［15］もちろん、多くの伝統社会が実際にはここで述べほどエコロジカルでも社会包摂的でも、ましてや信仰に篤かったわけではないことは筆者も重々承知している。また伝統社会がどこまで「伝統的」であるかについても疑問符が付されることも同様である。ここで「伝統社会」として述べた事柄は、あくまで比較のために極度に単純化したモデルにすぎない。

［16］ここで述べた「実在論」の意味については坂部恵『ヨーロッパ精神史入門——カロリング・ルネサンスの残光』（岩波書店、一九九七年）に依拠し、一般的な哲学事典での説明とも、近年に流行中の「思弁的実在論」「批判的実在論」などともかなり異なる意味で使用している。坂部は本書で中世神学の知の序列構造「能動知性／理性／感性」が近代になってカント的な「理性／悟性／感性」へと転換し、神的能力である「能動知性」が能力と意味を切り詰められ、理性と感性のあいだの「中間領域」としての「悟性」へと落とし込まれていく歴史過程を描き出している。じつは今回の「二次的自然」は、ここでの「悟性」に正確に対応する。つまり、かつて「カミ」の領域であったものが、近代にいたってその特徴を奪われ、たんなる「人間」と「（野生の）自然」の中間領域としての「二次的自然」へと落とし込まれたのである。そして「カミ」が能動知性の対象であったことを踏まえると、それは近代の知の序列（エピステーメ）の変化により「認識の外（カントにおけるモノ自体）」に置かれたものである。したがって、ここで「二次的自然」という言葉を不満ながらも使いつづけるしかないのは、端的にそれを指す概念が現在失われているからである。

［17］このあたりの経緯については、たとえば『ナショナル ジオグラフィック日本版』二〇二〇年三月号の記事「マオリの聖なる流れ」（六二－八五頁）を参照。

［18］このような呼び名は欧米の新聞やネット上の記事、また国連のサイトなどで二〇二〇年春から広がっ

ているのでネット検索をすれば例に事欠かないが、ここでは書名に掲げられた次の著作を挙げておく。J. Micklethwait et al. *The Wake-Up Call: Why the Pandemic Has Exposed the Weakness of the West, and How to Fix It*, HarperVia, 2020.

[19] 自然の精神的側面としての「二次的自然」が今も私たちの想像力に取り憑いている様子は、たとえば「自然法」としての正義を主題とする多くの小説、とりわけアニメや映画の主人公がしばしば自然生物の姿を模倣した（仮面ライダーやスパイダーマンなど）、いわば現代版の「動物憑き」であることにも見られる。とくにバットマン（コウモリ男）は、COVID-19をはじめとする振興感染症の多くがコウモリ由来と考えられていることを踏まえると、私たちの想像力に残存する思考様式と自然の関係（疫病とカミの関係）について、一考の余地を与えるように思われる。

第二章

[1] すでに原典が東京オリンピック招致委員会のサイトから削除されてしまっているため、引用は以下のサイトに残されていたコピーにもとづく。http://megalodon.jp/2012-0806-2324-59/tokyo2020.jp/jp/message/

[2] 丹後村おこし開発チーム主催「地方から社会を考える学生団体サミット」（二〇一三年九月二一日・二二日、於京都府宮津市上世屋）。この場を借りて主催者の松田頼彦氏ならびに関係者の皆様に感謝の意を表したい。

[3] 表および本文の数値については、以下の書類を参照した。国土交通省「各大都市圏・大都市都心部の機能集積状況の比較（参考資料1、2）」、二〇一八年（https://www.mlit.go.jp/common/001233528.pd および https://www.mlit.go.jp/common/001231519.pdf）。なお、本章の元になった論文の雑誌掲載時（二〇一三年）のデータでは古くなったため、本書への収録に合わせて最近のデータに修正した。

[4] 同じく直近のデータに修正した。二〇一八年「住民基本台帳人口移動報告」より作成。https://www.e-stat.

go.jp/dbview?sid=0003296520

［5］須藤一紀「止まらない東京一極集中」（第一生命経済研究所『第一生命経済研レポート』、二〇〇六年二月号）。http://group.dai-ichi-life.co.jp/dlri/monthly/pdf/0602_9.pdf

［6］たとえば、東京駅構内で「東京ばな奈」という土産菓子が販売されるようになったのは一九九一年からであり、その頃から「東京」という名称がさまざまな商品のブランドとして使用されるようになったと筆者は記憶している。それまで東京土産といえば浅草の「雷おこし」であり、あるいは「ベルンミルフィーユ」程度しかなかった。しかも、当時の関西人にとって東京といえば「食べ物がまずいところ」というイメージが定着していた。そのような印象が大きく変容したのも一九九〇年頃からである。

［7］ジェイムズ・ブリッシュ『宇宙零年』、浅倉久志訳、早川書房、一九七八年。

［8］藻谷浩介・NHK広島取材班『里山資本主義——日本経済は「安心の原理」で動く』、角川書店、二〇一三年、一八頁。

［9］序章註［8］を参照。

第三章

［1］フランス革命で処刑された王妃であるマリー・アントワネットが、生前に市民がパンも食べられない貧しい状況に苦しんでいると聞いて、「パンがなければケーキを食べればよいのに」と言ったという逸話にもとづく。ただし、実際にはそのようなことをアントワネットが口にしたという事実はない。

第四章

［1］櫻田和也「ポストモダン都市における機械状分析のために」（『生存学』第六号、二〇一三年、三五四-

二六二頁）。

第五章

［1］当時、大阪府知事選と大阪市長選の「ダブル選挙」（二〇一一年）を前に、橋下徹と彼が率いる「維新の会」の躍進を懸念して、多くの論者がここで述べた観点から批判を展開した。たとえば内田樹ほか『橋下主義（ハシズム）を許すな！』（ビジネス社、二〇一一年）など。

［2］その後のデータ分析の結果がさまざまな研究者によって公開され、ここでの筆者の推測がほぼ間違っていなかったことが明らかになった（第四章の註に挙げた二つの論文を参照）。

［3］ジャン・ボードリヤール『シミュラークルとシミュレーション』竹原あき子訳、法政大学出版局、二〇〇八年。

［4］たとえば、前者の時代では専業主婦が礼賛されていたのが、後者の時代には共働きが礼賛されるようになった。また、前者の時代には阪神間の工業地帯のコミュニティが発展したが、後者の時代になると衰退した、等々。

［5］この新たな政治的領域としての社会をどう名付ければよいのだろうか？　高度投票化社会？　シミュラークル政治社会？

［6］すでにフクシマ原発事故の後で民主党政権が博報堂などの巨大広告会社に依頼して「絆」キャンペーンを展開したように、すでに政治と広告会社の結びつきは周知の事実であるが、インターネット上の個人の言説や政治意識のなかでもこのような結合が広がっていると考えられている。

［7］ジョック・ヤング『排除型社会』（青木秀夫ほか訳、洛北出版、二〇〇七年）四九〇頁を参照。

［8］ただし、だからといって現在の橋下氏と「維新の会」の政治的態度が「ファシズム」と呼べるものである

かどうかは疑問である。かつてのヒトラーがナチス・ドイツを「第三帝国」と呼び、絶対王政（帝政）を自称したからと言って、現在の歴史家でヒトラーを当時の言説にもとづいて「絶対王政主義者」とみなす者はいないように、橋下氏がたとえファシズム的言説を重ねているからといって、後世の歴史家がそうみなすとは限らない。むしろ、第二次大戦中のファシズムとは区別され、新たな名称が付けられているだろうと筆者は考える（歴史においては、新たなものが過去の装いをまとって登場することは珍しくないどころか、非常によくあることなのだから）。それはハイデガーの「ダス・マン（ただの人）」がボードリヤールの言う「シミュラークル」としての人間と区別されるのと同様である。また、ナチスにおける強制収容所の犠牲者が現在のフクシマ原発事故の被害者と区別されるのと同様である。とくに最後の例で言えば、かつてのファシズムにおいては身体性や情動性をともなう直接的関係が論理の中核にみられる（ガス室への連行など）のに対して、現在の記号的政治の「ファシズム」では、情報操作をともなう間接的関係（というより非‐関係）が論理の中核にみられる（「安全」情報の垂れ流しと「風評被害」キャンペーンによる高濃度放射能汚染地帯の子どもたちの放置）。

第六章

[1] ロバート・K・マートン『社会理論と社会構造』、森東吾ほか訳、みすず書房、一九六一年。

[2] デビッド・オズボーン、テッド・ゲーブラー『行政革命』、高地高司訳、日本能率協会マネジメントセンター、一九九五年。

[3] 上山信一「ニュー・パブリック・マネジメント（NPM）とわが国の行政改革――行政学のバージョンアップに向けて」（日本行政学会編『ガバナンス論と行政学』（年報行政研究三九巻）、ぎょうせい、二〇〇四年、七〇‐八六頁）、七〇頁。

[4] 岡本裕豪、頼あゆみ、矢澤真裕「わが国におけるNPM型行政改革の取り組みと組織内部のマネジメント」

（国土交通省国土交通政策研究所『国土交通政策研究』第一七号、二〇〇三年）、一頁。

［5］大住荘四郎「ニュー・パブリック・マネジメントによる地方公共団体の経営改革」（『経済産業ジャーナル』二〇〇五年二月号所収、http://www.rieti.go.jp/jp/papers/journal/0502/bs01.html）。公的機関のホームページ上で公表されているにもかかわらず、この論文はなぜか引用・転載が禁止されているので、ここでは残念ながら該当箇所を引用することができなかった。

［6］島田智明「ＮＰＭ（新公共経営）」（神戸大学大学院ＭＢＡプログラムＨＰ、二〇一三年）http://mba.kobe-u.ac.jp/square/keyword/2013/shimada.htm

［7］笠京子「ＮＰＭとは何か――執政部、市場、市民による民主的行政統制」（『香川法学』、二一号、二〇〇二年、一五九－二〇七頁）、一五九頁。

［8］同書、一六二頁。

［9］同書、一九六頁。

［10］次に紹介する著作のほか、手短に問題点をまとめたものとして次の論文がある。二宮厚美「憲法体制を掘り崩す〈地域主権〉と〈新しい公共〉」（『クレスコ』、二〇一一年一月号、一二－一七頁）。

［11］安達智則『自治体「構造改革」批判――「ＮＰＭ行革」から市民の自治体へ』（旬報社、二〇〇四年）。

［12］これらの問題を網羅した著作として、たとえばイグナシオ・ラモネほか『グローバリゼーション・新自由主義批判事典』（杉村昌昭他訳、作品社、二〇〇六年）など。

［13］誤解を避けるために一言述べると、ここで筆者は地域の「町づくり」を始めとするさまざまな住民運動を非難するつもりはまったくない。路線バスの廃止や学校・幼稚園の廃止、自治体による住民サービスの低下に対処するために、地域住民がボランティアでその解決を図ろうとする活動は、筆者自身も深く関わっているし、必要なことであると認識している。問題は、そのような活動をせざるをえない状況そのものであり、その要因

であり、また、そのような状況を「住民の政治参加」として賛美する連中が数多くいることである。

[14] たとえば以下の報告を参照。研究レポート「地方自治体のサービスにおけるマーケティングの変化――〈顧客志向〉徹底の動き」（富士通総合研究所、二〇〇二年三月）http://www.mizuho-ri.co.jp/publication/research/pdf/report/02_fric/re0203.pdf

[15] 以前から少子化にともなう廃校が地域の過疎を加速させることは知られていたが、最近になってようやくテレビでも問題にされるようになった。以下のＮＨＫの放送記録のサイトを参照。「廃校が招いた過疎」http://www.nhk.or.jp/ohayou/marugoto/2014/04/0413.html

第七章

[1] Mike Davis, Planet of Slums, *New Left Review*, 26 (March-April), 2004. https://newleftreview.org/issues/ii26/articles/2496。ここではネット上の論文を参照しているが、この論文の内容を拡充した書籍の日本語訳もある（マイク・デイヴィス『スラムの惑星――都市貧困のグローバル化』酒井隆史監訳、明石書店、二〇一〇年）。

[2] もちろん、完全なアジールであったわけではないし、自治都市との軋轢もしばしばみられた。このあたりの詳細な歴史についてはジャック・ヴェルジェ『中世の大学』（大高順雄訳、みすず書房、一九七九年）およびクリストフ・シャルル、ジャック・ヴェルジェ『大学の歴史』（岡山茂・谷口清彦訳、白水社、二〇〇九年）を参照。またアジールの歴史については、オルトヴィン・ヘンスラー『アジール――その歴史と諸形態』（舟木徹男訳、国書刊行会、二〇一〇年）を参照。

[3] 国連人口基金『世界人口白書』（二〇〇七年版）、一頁。http://www.unfpa.or.jp/publications/swop/swopPast/2007_all.pdf

[4] 同書、一頁。

[5] 同書、八頁。

[6] 近畿都市学会編『二一世紀の都市像――地域を活かすまちづくり』、古今書院、二〇〇八年、二五一頁。

[7]『世界人口白書 二〇〇七』、一六頁。

[8] Mike Daivs, *op.cit.*

[9] *Ibid.*

[10] アメリカ合衆国の高い犯罪率にかんする考察として、犯罪を経済的領域や規範的領域の問題としか理解しないことの誤りと、人間の実存的領域の条件を考察することの重要性については、ジョック・ヤング『排除型社会』（青木秀男ほか訳、洛北出版、二〇〇七年）を参照。

[11] フェリックス・ガタリ『三つのエコロジー』（改訂増補版）、杉村昌昭訳、大村書店、一九九三年。

[12] モナドの説明、およびモナド論に依拠した社会理論については、ガブリエル・タルド『模倣の法則』（池田祥英・村澤真保呂訳、河出書房新社、二〇〇七年）と訳者解説「社会のみる夢、社会という夢――あとがきに代えて」（村澤真保呂、同書所収）、および『社会法則／モナド論と社会学』（村澤真保呂・信友建志訳、河出書房新社、二〇〇八年）と訳者解説「増殖するミクロコスモス――タルドの社会学構想をめぐって」（村澤真保呂、同書所収）を参照のこと。

[13] 戦後の大学改革と現在までの流れについては拙論「大学教育とネオリベラル・アーツ――社会病理との関連から」（上垣豊編『市場化する大学と教養教育の危機』、洛北出版、二〇〇九年、一〇〇‐一二二頁）を参照。

[14] 精神疾患と集合的主観性の関連については、フェリックス・ガタリほか『精神の管理社会をどう超えるか――制度論的精神療法の現場から』（杉村昌昭ほか編訳、松籟社、二〇〇〇年）を参照。

[15] この造語については第八章でも説明を加えている。

[16] というより、SSTそれ自体が、第三次産業の拡大した先進諸国における、潜在的な職業訓練なのである。そのことが孕んでいる問題については、第九章でも触れている。

[17] 白石嘉治「トリノからの展望」(『不純なる教養』、青土社、二〇一〇年、九五-一〇九頁)を参照。

[18] その後の学内改革の急速な進展と業務負担の激増により、この会は自然消滅した。

[19] マックス・ホルクハイマー、テオドール・アドルノ『啓蒙の弁証法――哲学的断想』、徳永恂訳、岩波書店、二〇〇七年。

[20] たとえば先に挙げた『世界人口白書』(二〇〇七年版)は、第三世界の都市における人口増加を抑制するためには、ジェンダー教育を活用するべきだと主張している。これはリプロダクティブ・ライト(出産の権利)をめぐる議論でしばしば紹介される主張だが、男女平等と女性の自律という近代的理念の達成を目的とするジェンダー理論は、自分たちの目的を手段とみなす論理に対して、違和感を感じても反対することは難しいだろう。

[21] たとえば、すでに近年の歴史学は、民族史や国民史といった国民国家の学問だった時代をとうに通り過ぎ、いまや「グローバル・ヒストリー」としてグローバル社会の学問になりつつあり、そして近い将来には「地球史」へ向かう道を歩んでいるのではないだろうか。

[22] フェリックス・ガタリが晩年に主張した「エコゾフィー」は、そのような意図から構想された知の一種である(フェリックス・ガタリ『エコゾフィーとは何か――ガタリが遺したもの』杉村昌昭訳、青土社、二〇一五年)。またガブリエル・タルドが一種の総合知として構想していた「社会学」あるいは「間-心理学(inter-psychologie)」についても同様である。

[23] ガブリエル・タルド『社会法則/モナド論と社会学』、村澤真保呂・信友建志訳、河出書房新社、二〇〇八年、一二五頁。

第八章

[1] いずれの引用も以下の論文より抜粋。M. Miyoshi, “Globalization”, Culture, and the University, in F. Jameson and M. Miyoshi (eds.), *The Cultures of Globalization*, Duke University Press, 1998, pp.247-269.

[2] 村澤真保呂「大学教育と〈ネオリベラル・アーツ〉――社会病理との関連から」（上垣豊編『市場化する大学と教養教育の危機』、洛北出版、二〇〇九年、一〇〇－一三二頁）を参照。本論の最初の節はこの論文を要約したものである（当該論文は本書に収録）。

[3] 経団連「創造的な人材の育成に向けて――求められる教育改革と企業行動」、一九九六年三月。

[4] 中央教育審議会「学士課程の構築について」（二〇〇八年九月一八日）より。

[5] アレクサンダー・パッセリン・ダントレーヴ『自然法』、久保正幡訳、岩波書店、二〇〇六年。

[6] *La revue internationale des livres et des idées*（mai-juin, 11, 2009, p.38）の大学改革をめぐるインタビュー記事での Kamel Tafer の発言からの抜粋。

[7] この引用は、二〇〇八年に筆者の勤務する大学で取り組んでいたプロジェクト「教養教育の国際比較」（代表は上垣豊）にマサオ・ミヨシ氏を講師として迎えたときに、ここで述べた主題についてミヨシ氏と飲み屋で議論をしたときの彼の言葉である。「近代世界を支える知的秩序がはっきりと姿を現すまでに数百年かかったことを考えれば、次の時代の知的秩序が姿を表すまでにはあと百年以上かかるのではないか」という筆者の意見にたいして、彼はインターネットの発達と知的世界のグローバル化の進展を挙げたうえで、「いや、もっと早いし、もうすでに現れつつあるよ」とガタリの『三つのエコロジー』を例に挙げつつ、引用文のように答えた。この酒の席での彼の言葉をこのような箇所で引用するのは不当であることは重々承知しているが、それでもここで書き残さずにいられなかったのは、本論を書き終えたまさにそのとき、ミヨシ氏の訃報［二〇〇九年一〇月一日］を耳にしたからである。その当時大学の未来について悲観的になっていた筆者を、はじめての出

会いにもかかわらず親身な態度で励まし、模索しつづけるように説いてくれた彼に、筆者はどれほど感謝しても足りないほどの思いを抱いている。この場を借りて、ミヨシ氏の冥福を祈りたい。

[8] 白石嘉治「院生サンディカリズムのために」(『現代思想』、二〇〇八年九月号、一八六 - 一九九頁)。

第九章

[1] マルセル・プルースト『抄訳版　失われた時を求めてI』、鈴木道彦編訳、集英社、二〇〇二年、七八 - 七九頁。

[2] 「ポストモラトリアム」という語は、『ポストモラトリアム時代の若者たち——社会的排除を超えて』(村澤和多里・山尾貴則・村澤真保呂、世界思想社、二〇一二年)で展開された概念である。なおモラトリアム概念の変容については村澤和多里の検証に多くを負っている。

[3] 小此木啓吾『モラトリアム人間の時代』、中央公論社、一九七八年。

[4] このような変化は、大学よりも先に、高校や中学で先に進行したように思われる。精神科医の中井久夫は、八〇年代の学校教育における子どもたちの精神衛生にかんする論文で、受験競争が過熱化していく教育現場を「踊り場のない階段」と評して次のように述べている。「子どもの適応能力をぎりぎりまで試してはならないように思う。私のような者は、適応能力がいったん破綻した人を引き受けて治療する立場であるけれども、少年少女期においては、現在への適応だけでなく、将来の成長と成熟と社会化のための余力が蓄えられてゆくことが、生涯の精神衛生を全うするために必要だと思うからである」(中井久夫『「思春期を考える」ことについて』、筑摩書房、二〇一一年、八三頁)。

[5] この教養課程の解体と再編のなかで近代市民社会の理念が放棄されていくプロセスについては、第八章ならびに「大学教育とネオリベラル・アーツ——社会病理との関連から」(上垣豊編『市場化する大学と教養教

育の危機』、洛北出版、二〇〇九年、一〇〇－一三二頁）を参照。

［6］ちなみに、それは「教養小説」が読者から敬遠されていく過程でもある。かつての古典的モラトリアムの時代に、いわゆる自己確立をめざす若者たちにたいして、そのモデルとなる物語を提供した教養小説は、教養教育が「人間形成」に代わって「人材開発」を目的に掲げるようになるにつれて、また若者たちの青年期が経済的有用性の観点から再編されていくにつれて、現実性を失っていった。教養あるいは「人間形成（ビルドゥングス）」は、小説のカテゴリとしても教育制度においても機能しなくなったのである。

［7］フィリップ・アリエス『〈子供〉の誕生――アンシァン・レジーム期の子供と家族生活』杉山光信・杉山恵美子訳、みすず書房、一九八〇年。

［8］上巻、三一頁。以下、引用は『エミール（上・中・下）』（今野一雄訳、岩波書店、一九六二年）より、巻名と頁数のみ記す。

［9］上巻、六六頁。

［10］上巻、三六九頁。

［11］上巻、三七四頁。

［12］上巻、三七六頁。

［13］中巻、二九二頁。

［14］中巻、七頁。

［15］国連人口基金『世界人口白書二〇〇七』（電子テキストは国連人口基金のウェブサイトより入手可）
http://www.unfpa.or.jp

［16］マイク・デイヴィス『スラムの惑星――都市貧困のグローバル化』、酒井隆史監訳、篠原雅武・丸山里美訳、明石書房、二〇一〇年。

[17] フェリックス・ガタリ『三つのエコロジー』、杉村昌昭訳、平凡社、二〇〇八年。

[18] この点については第七章の最終部を参照。

[19] 羽仁五郎『都市の論理』（勁草書房、一九六八年）の第六章「自由都市とその挫折」を参照。

[20] 都市と大学の知、および「共立平面」にかんする議論としては、村澤真保呂＋ステファン・ナドー「〈腸の哲学〉序説」（『現代思想』、二〇一一年一一月号、八八-一〇二頁）にて詳述。

第十章

[1] フロイト「文化への不満」浜川祥枝訳（『フロイト著作集第三巻』、高橋義孝ほか訳、人文書院、一九六九年、四三一-四九六頁）四五七頁。

[2] 日本経済新聞の「風見鶏」欄の記事（二〇一四年二月一六日付朝刊「見えたかネトウヨの集票力」）を参照。東京都知事選の田母神候補の演説風景を間近でみた記者はこう述べている。「遊説の聴衆は他陣営と明らかに異質だった。iPad などを手に集まってくるリュックを背負った若者たち。まるでオタクのオフ会だった。その後も普通の選挙戦とはだいぶ違った。有名人をみかけると携帯で写真を撮ろうとするのはよくある光景だが、田母神氏の支持者は色紙持参で揮毫《きごう》を頼んだりするのだ…（略）…日本経済新聞社の世論調査によると、田母神氏の支持者は年齢が若い層ほど多く、二〇代では舛添要一氏に匹敵する支持を得た」。

[3] たとえば近藤瑠漫・谷崎晃編著『ネット右翼とサブカル民主主義』（三一書房、二〇〇七年）は、早い時期からインターネットを中心に活動する右傾化した若者たちとその背景としてサブカルチャーに着目し、分析した著作である。

[4] このような状況における教養主義と教養小説の解体、ならびに若者のアイデンティティをめぐる問題については、拙論「〈物語なき物語〉を生きる——モラトリアムの時間的変容」（村澤和多里ほか編『ポストモラト

リアム時代の若者たち——社会的排除を超えて』、世界思想社、二〇一二年、一五〇－一八四頁）を参照。

［5］イギリスの社会学者マイク・フェザーストンは、一九九九年の時点で同じ現象について以下のように指摘しているが、それは思想のサブカルチャー化が日本だけでなく世界的現象であることを示唆している。「われわれはもはや高級文化（ハイ・カルチャー）とポピュラー文化を区別することはできないし、もはや聖なる文字として書かれたテクストの聖典を護持することができない。いずれマドンナはシェイクスピアと同じ価値をもつようになり、同じように大学において斉一な研究が行われるようになるだろう」（マイク・フェザーストン『消費文化とポストモダニズム』、川崎賢一ほか編著訳、恒星社厚生閣、一九九九年、三頁）。

［6］浅田彰『逃走論——スキゾ・キッズの冒険』、筑摩書房、一九八四年。

［7］伊奈正人『サブカルチャーの社会学』、世界思想社、一九九九年、一五七頁。

［8］もちろん、国内のサブカルチャー研究者のすべてがそうだと言っているわけではなく、新自由主義に対して批判的意図をもって研究している学者も多くいることは承知している。

［9］このような新自由主義時代におけるファシズムの心理とその社会的背景については、橋下徹の支持層を分析した本書第四章および第五章を参照。

［10］ＰＡ理論と新自由主義政策の関連については、教育学分野の論考であるが、以下の論文が明快に説明している。世取山洋介「新自由主義教育政策を基礎づける理論の展開とその全体像」（佐貫浩・世取山洋介編『新自由主義教育改革——その理論・実践と対抗軸』、大月書店、二〇〇八年、三六－五二頁）。

終章

［1］以下、古典文献については多くの翻訳が出ているので、ここで文献紹介は割愛する。

［2］本章の思想史的説明については、大きく次の著作に依拠している。坂部恵『ヨーロッパ精神史入門——カ

ロリング・ルネサンスの残光』、岩波書店、二〇〇一年。

[3] たとえばトビー・ナタン『精神療法の未来』（三脇康生・村澤真保呂・江口重幸訳、『文化とこころ――多文化間精神医学研究』、四（一・二）、二〇〇〇年、八七－一〇三頁）。

[4] たとえば以下の著作を参照。ブルーノ・ラトゥール『虚構の「近代」――科学人類学は警告する』川村久美子訳、新評論、二〇〇八年。

[5] エドゥアルド・ヴェヴェイロス・デ・カストロ『食人の形而上学――ポスト構造主義的人類学への道』檜垣立哉・山崎吾朗訳、洛北出版、二〇一五年。

[6] もちろん、現在のさまざまな「実在論」を標榜している学派や思想的潮流の論者たちは、皆が同じ認識に立っているわけではない。ここで筆者が述べた文脈とはまったく無縁な観点もあれば、さらにいえば筆者やここで紹介した思想家たちと対立的な観点もあり、「実在論」といっても多種多様である。ここでは個々の論者の意図を離れ、現代において「実在論」を標榜する論者たちが多様な分野で表れたことを、長い歴史のうちに位置づけるために、意図的に十把一絡げにして意義づけた次第である。

[7] ヴォルフガング・シュトレーク『資本主義はどう終わるのか』、村澤真保呂・信友建志訳、河出書房新社、二〇一七年。

[8] 近代的理念が失われた市民社会に起こる封建主義的メンタリティへの回帰は、とくに警察の取締や刑事政策において現れやすい。たとえば以下の論文を参照。B. Baker, Protection from crime: What is on offer for Africans?（PDF）. *Journal of Contemporary African Studies*, 22(2), 2014, pp.165–188.

[9] たとえば以下の論文を参照。J. Warner, The New Refeudalization of the Public Sphere, in M. P. McAllister and E. West（eds.）, *The Routledge Companion to Advertising and Promotional Culture*, Routledge, 2013, pp.285–297.

〔10〕丸山徳次「持続可能社会と里山の環境倫理——里山学の展開」（村澤真保呂・牛尾洋也・宮浦富保編『里山学講義』、晃洋書房、二〇一五年、二五-五七頁）。

〔11〕たとえば以下の論文を参照。W. Steffen, J. Grinevald, P. Crutzen and J. McNeill, The Anthropocene: conceptual and historical perspectives, *Philosophical Transactions of The Royal Society A Mathematical Physical and Engineering Sciences*, 369(1938), 2011, pp.842-867.

〔12〕教皇ベネディクト一六世「教皇就任ミサ説教（二〇〇五年四月二四日）」より。

おわりに

〔1〕アントナン・アルトー『神の裁きと訣別するため』、宇野邦一・鈴木創士訳、河出書房新社、二〇〇六年、四五頁。

初出一覧

序章　「人新世」時代の環境、社会、人間——脱都市化に向けて（書き下ろし）

第一部

第一章　狐、外来生物、ウィルス——感染症と人新世（『Hapax』一三号、夜光社、二〇二〇年一一月）

第二章　都市からの逃走——東京圏と地方をめぐる試論（『インパクション』一九二号、インパクト出版会、二〇一三年一一月）

第三章　都市を終わらせる——資本主義、文化、ミトコンドリア（『Hapax』五号、夜光社、二〇一六年一月）

第二部

第四章　「橋下現象」の深層分析（橋下現象研究会編『これでおしまい「橋下劇場」』、インパクト出版会、二〇一三年六月）

第五章　「橋下現象」の心理＝政治学——ポスト近代社会における記号的政治について（橋下現象研究会編『「橋下現象」徹底検証——さらば、虚構のトリックスター』、インパクト出版会、二〇一二年一二月）

第六章　ポスト官僚制時代の新たな地域市民運動のために（『情況』第四期一・二月号、情況出版、二〇一五年二月）

第三部

第七章　スラム化する大学（『インパクション』一七三号、インパクト出版会、二〇一〇年三月）

第八章　ネオリベラル・アーツ化する大学教育と「教養」の未来（『現代思想』三七巻一四号、青土社、二〇〇九年一一月）

第九章　青年期、大学、都市——ポスト・モラトリアム時代の大学（『現代思想』三九巻一八号、青土社、二〇一一年一二月）

第十章　新自由主義社会におけるサブカルチャー、思想、政治——新たな抵抗のために（『インパクション』一九五号、インパクト出版会、二〇一四年六月）

終　章　神秘主義が照らす現代世界（『福音と世界』七五巻一号、新教出版社、二〇二〇年一月、大幅に修正）

事項索引

人名索引

著者紹介
村澤真保呂（むらさわ まほろ）
1968年生まれ。京都大学大学院人間・環境学研究科博士後期課程単位取得退学。現在，龍谷大学社会学部教授。著作に*Satoyama Studies: Socio-Ecological Considerations on Cultural Nature*（編著，Union Press，2020年）、『中井久夫との対話——生命、こころ、世界』（共著，河出書房新社，2018年）、『里山学講義』（共編著，晃洋書房，2015年），『ポストモラトリアム時代の若者たち——社会的排除を超えて』（共著，世界思想社，2012年）等。翻訳にヴォルフガング・シュトレーク『資本主義はどう終わるのか』（共訳，河出書房新社，2017年），マリー＝モニク・ロバン『モンサント——世界の農業を支配する遺伝子組み換え企業』（共訳，作品社，2015年），ガブリエル・タルド『社会法則／モナド論と社会学』（共訳，河出書房新社，2008年）等。

都市を終わらせる
「人新世」時代の精神、社会、自然

2021年7月30日　初版第1刷発行

著　者　村澤真保呂
発行者　中西　良
発行所　株式会社ナカニシヤ出版
〒606-8161　京都市左京区一乗寺木ノ本町15番地
Telephone　075-723-0111
Facsimile　075-723-0095
Website　http://www.nakanishiya.co.jp/
Email　iihon-ippai@nakanishiya.co.jp
郵便振替　01030-0-13128

印刷・製本＝亜細亜印刷／装幀＝川邉　雄

ISBN978-4-7795-1594-1